미래를 사는 도시, 선전

BOOK
JOURNALISM

미래를 사는 도시, 선전

발행일 ; 제1판 제1쇄 2018년 6월 4일 제1판 제2쇄 2019년 7월 15일
지은이 ; 조상래 발행인·편집인 ; 이연대
주간 ; 김하나 편집 ; 곽민해
제작 ; 허설 지원 ; 유지혜 고문 ; 손현우
펴낸곳 ; ㈜스리체어스 _ 서울시 종로구 사직로 67 2층
전화 ; 02 396 6266 팩스 ; 070 8627 6266
이메일 ; contact@threechairs.kr
홈페이지 ; www.bookjournalism.com
출판등록 ; 2014년 6월 25일 제300 2014 81호
ISBN ; 979 11 86984 36 9 03300

BOOK
JOURNALISM

미래를 사는 도시, 선전

조상래

; 과거 선전은 선진국 제품을 모방해 저렴한 가격에 파는 '산자이의 천국'이었다. 그러나 현재는 빅데이터, 인공지능, 사물인터넷 등 IT 기술을 토대로 새로운 분야에서 혁신을 이끄는 기업이 줄줄이 탄생하는 하드웨어 창업의 메카다. 스타트업 트렌드가 제조업으로 이동하면서 세계 각국 스타트업의 러시도 이어지고 있다. 지금 선전은 세계에서 가장 젊고, 가장 빠른 도시다.

차례

중국의 대표 도시를 꼽으라면 어디가 가장 먼저 떠오르는가. 아마도 베이징, 상하이, 광저우 등의 대도시일 것이다. 지금부터 조금 다른 이야기를 해보려 한다. 알리바바, 바이두와 함께 중국 혁신을 주도하는 3대 기업인 텐센트, 세계 최대 통신 장비 업체이자 세계 3위의 스마트폰 제조사인 화웨이, 배터리를 시작으로 친환경 에너지와 자동차 개발을 선도하는 비야디BYD, 민간용 드론 시장의 70퍼센트를 점유하고 있는 DJI 등 중국을 대표하는 혁신 기업의 본사가 있는 곳은 베이징, 상하이, 광저우도 아닌 선전深圳이다.

선전을 찾을 때면 이번에는 어떤 변화가 있을지 자연스럽게 기대하게 된다. 무엇이 변하고 있는지 멀리서 찾을 필요도 없다. 공항에 내리면 새로운 면세점이 손님을 맞고 있고, 공항 내에는 중국의 트렌드로 부상한 자판기에서 새로운 품목을 판매하고 있다. 선전에는 200미터가 넘는 초고층 빌딩이 2016년 한 해에만 11개가 생겼다. 같은 해 미국 전역에 들어선 초고층 빌딩 수보다 많다. 40년 전만 해도 평범한 어촌 마을에 불과했던 선전은 중국 최초의 경제특구로 지정된 후 제조업을 기반으로 고속 성장을 거듭했다. 2016년 기준으로 선전의 국내 총생산GDP은 1조 9492억 위안(약 330조 3700억 원)에 달한다. 37년 전과 비교해 약 1만 배 성장했다.

사람들은 이를 두고 '선전 속도'라는 말을 만들었다. 선전국제무역센터가 사흘에 한 층꼴로 올라갔다는 데서 유래한 말로, 무엇이든 빠른 속도로 생겨나는 선전의 분위기를 빗댄 것이다. 선전은 하드웨어 스타트업을 위한 도시로 체질을 개선해 유동 인구 포함 약 2000만 명이 거주하는 첨단 도시가 됐다. 글로벌 기업으로 성장하는 회사가 계속 나타나면서 중국 전역의 젊은 인재들이 선전을 찾는다. 큰 기업에서 일하고 싶은 청년 세대와, 선전에서 새로운 회사를 만들고 싶은 창업가가 모여든다. 선전의 평균 연령은 33세로, 중국에서 가장 젊고 역동적인 도시라 해도 과언이 아니다.

오랜 기간 축적된 제조업 인프라와 도전과 능력을 중요시하는 분위기, 정부의 적극적 지원 정책은 유수의 기업을 탄생시킨 발판이자 미래의 혁신 기업을 키우는 토대가 되고 있다. 선전에는 약 800개가 넘는 다국적 기업의 제조 공장이 있고, 자체 공장을 꾸리기 어려운 중소기업과 스타트업이 소규모로 부품을 생산할 수 있는 공장형 기업이 활성화되어 있다. 제조 공장뿐 아니라 제품 디자인과 회로 설계를 맡길 수 있는 디자인 하우스도 수백 개에 이른다. 스타트업 트렌드가 제조업으로 이동하면서 선전의 인프라를 활용하기 위한 세계 각국 스타트업의 러시도 이어지고 있다.

내가 선전에 관심을 가지고 방문하기 시작한 것은 2015년부터다. 당시 국내 스타트업 업계는 모바일 앱 시장이 포화

상태에 이르러 새로운 돌파구를 모색하고 있었다. 하드웨어를 기반으로 하는 사물인터넷IoT 스타트업이 막 등장할 무렵 생각난 지역이 선전이다. 그렇게 세계 최대 규모의 전자 상가이자 선전의 제조업 인프라 중심지인 화창베이華强北를 찾았다. 지금은 쾌적한 모습으로 바뀌었지만, 당시만 해도 화창베이 전자 상가는 공사가 한창이었다. 워낙 규모가 컸던 데다가 상가마다 어떤 제품을 전문으로 판매하는지 한눈에 알기가 어려웠다. 화창베이 한복판에 숙소를 잡고 며칠 동안 그 주변을 돌아보며 발품을 팔았던 기억이 난다. 화창베이 전자 상가는 '없는 것 빼고는 다 있다'는 우스갯소리가 통할 정도로 다양한 부품을 취급하는 시장이다. 무언가 만들고 싶을 때 빠르게 도움을 받을 수 있는 장소가 바로 옆에 있다는 것은 선전 메이커 문화의 중요한 원동력일 것이다.

선전은 메이커 페어Maker Faire도 세계 최대 규모로 개최한다. '메이커 페어 선전'에 가면 왜 주목받는 제조 스타트업이 선전에서 탄생할 수밖에 없었는지를 짐작할 수 있다. 메이커 페어는 2006년 매거진《메이크MAKE》가 소규모로 개최한 행사였지만, 현재는 한국을 비롯해 미국, 영국, 캐나다, 일본, 이탈리아 등 45개국에서 연 220회 이상 열리는 전 세계 메이커 이벤트의 대명사다. 2012년부터 열린 메이커 페어 선전은 샌프란시스코, 뉴욕과 함께 세계 3대 페어로 불리고 있다. 행사가 열리면 선전의 창업 특화 지역인 난산南山 소프트웨어 산업 단지 전역에 행사장이 꾸려진다. 세계에서 모인 메이커 팀들과 수백여 명의 스타트업 관계자가 부스를 꾸리고, 도시 전체가 메이커 페어로 들썩인다.

메이커 페어 선전에서 눈에 띄는 점은 부모와 아이가 함께 행사를 찾는 경우가 많고, 온 가족이 참여할 수 있는 프로그램이 다채롭게 마련되어 있다는 사실이다. IT 기업에 근무하는 부모가 아이를 데리고 와서 자연스럽게 메이커 문화를 보여 주고, 아이들이 행사 부스에서 무언가 만들고 있는 모습을 접할 수 있다. 한국에서 아이를 키우는 부모로서 어려서부터 메이커 문화를 접할 수 있는 환경이 있다는 사실이 부러웠다. 선전에서 메이커 페어는 메이커 문화를 전파하는 혁신과 창조의 무대인 동시에, 어른부터 아이까지 즐거운 시간을 보낼 수 있는 놀이의 공간이다. 반면 한국은 교육 시장을 중심으로 코딩 열풍이 불고는 있지만, 일상 속에서 기술을 접하고 즐길 수 있는 문화적 토대는 약하다.

우리에게 중국은 가깝지만 먼 나라다. 경제나 산업 부문에서 미국에 갖는 관심에 비하면, 중국의 최신 동향을 파악하는 데는 소홀한 편이다. 중국의 최신 정보는 한국이 아니라 미국 언론이나 해외 매체를 거쳐서 얻게 되는 경우가 많다. 최근 한국 방송과 다양한 미디어에서 중국의 혁신 기업을 소개하고 있고, 어느 때보다 중국에 대한 관심이 뜨거운 시기인 것도 사실이다. 하지만 관련 기사에 달린 부정적인 댓글을 보면 한국은 여전히 색안경을 끼고 중국을 보고 있다는 생각을 지울 수 없다.

독자 여러분들이 한번쯤은 선전을 방문해 보기를 바라는 마음이다. 특히 홍콩이나 마카오 여행을 계획하고 있다면 하루 정도 짬을 내어 선전을 찾아보자. 현지 전화번호가 없어도 현금이 필요 없는 모바일 결제와 각종 공유 경제 서비스를 충분히 체험할 수 있다. 직접 겪는 것보다 실감나는 글은 없을 것이다.

하드웨어 스타트업을 준비하는 창업가라면 국내에 법인을 두고 선전의 인프라를 활용하는 방법도 있다. 꼭 선전에 법인을 세울 필요는 없다. 시장에서 쉽게 구할 수 있는 제품을 응용한 수준의 제품은 선전 공장에서 어렵지 않게 생산이 가능하고, 고도의 기술을 요하는 제품이라도 공장의 제조 설비와 품질 관리 부서의 유무, 공장이 어떤 기업과 협업해 왔는지 등을 파악하면 비교적 저렴한 가격에 빠른 제작이 가능하다.

선전을 주제로 강의를 할 때마다 받는 단골 질문이 있다. '그래서 실제로 선전에서 사업을 하고 있는 국내 스타트업은 얼마나 되느냐'는 것이다. 아쉽게도 제품을 개발, 생산하기 전에 시장 조사를 위해 잠깐 선전에 체류하는 경우는 많지만, 선전에 법인을 세우고 실제 사업을 운영하는 한국 스타트업은 거의 없다. 중국에 대기업 제품이나 소비재를 수출하는 기업의 숫자에 비해 국내 스타트업이 중국에 진출하는 경우는 극히 적다. 많은 이유가 있겠지만 어쩌면 중국이 우리보다 앞서가는 영역이 많아지면서 우리가 진출할 수 있는 분야가 점점 좁아지고 있는 것은 아닐까 싶다.

'이익으로 사귄 사이는 이익 때문에 흩어지고, 힘으로 사귄 사이는 힘에 따라 기울며, 마음으로 사귀어야만 오래 지속될 수 있다以利相交 利盡則散, 以勢相交 勢去則傾, 惟以心相交 方成其久遠'는 중국 격언이 있다. 중국은 충분한 이해가 있어야 작은 성과라도 얻을 수 있는 지역이다. 중국 시장을 이해하고 따라잡기 위해서는 중국을 보는 새로운 시선이 필요하다.

선전과 함께 만드세요

흑묘백묘론의 발상지

과거 선전은 선진국 제품을 모방해 저렴한 가격에 파는 '산자이(山寨, 중국산 모조품)의 천국'이었다. 그러나 현재는 빅데이터, 인공지능, 사물인터넷 등의 IT 기술을 토대로 새로운 분야에서 혁신을 이끄는 기업이 줄줄이 탄생하는 하드웨어 창업의 메카다. 세계 최대 규모의 전자박람회 CES 2018에 참여한 4000여 개의 기업 중에 중국 업체가 1325개로 미국 다음으로 많은 수를 차지했는데, 그중 선전 기업만 482개에 달했다.[1] 중국 정부가 선전을 홍보하기 위해 2015년 뉴욕 타임스퀘어에 걸었던 문구는 과장이 아닌 셈이다. "선전과 함께 만드세요MAKE WITH SHENZHEN."

특히 선전은 중국 정부가 제조업 혁신을 선언한 지금 가장 주목해야 할 도시다. 2013년 중국 정부는 실크 로드를 재현한 21세기 경제 벨트를 만들겠다는 일대일로—帶—路[2] 계획을 발표하며 경제 혁신의 방아쇠를 당겼다. 이후 태평양 지역의 기반 시설을 확충하기 위해 아시아인프라투자은행AIIB 출범을 주도했고, 2015년에는 중국이 혁신 강국으로 나아가기 위한 첫 단계로 '중국제조2025' 계획을 밝혔다. 중국 제조 역사의 새로운 모델이 될 중국제조2025의 핵심은 노동 집약형 제조업에서 기술 집약형 스마트 제조업 강국으로의 진화다. 중국 정부는 모바일 인터넷과 클라우드 컴퓨팅, 빅데이터, 사물인터넷 등의 IT 기술을 전통적인 제조 산업과 융합하는 인터넷 플러스互聯網+[3] 액션 플랜을 가동하며 스마트 제조업을 견인하고 있다. 2025년까지 독일, 일본 수준의 제조업 강국으로 발돋움하고, 마침내 미국과 어깨를 나란히 하는 경제 대국이 되겠다는 계획이다.

2018년은 중국의 개혁개방 정책이 40년을 맞는 해다. 중국은 개방 이후 연평균 10퍼센트의 고성장을 거듭하며 다양한 분야에서 성과를 쌓았다. 중국 변방의 어촌 마을에서 베이징, 상하이, 광저우와 견줄 만한 대도시로 성장한 선전은 중국 개방 역사의 축소판이다. 선전이라는 글자에는 첨단 도시와는 어울리지 않는 시골 마을의 모습이 담겨 있다. 밭과 밭 사이의 깊은 도랑이라는 뜻인데, 실제로 경제특구로 개발되기 전 선전은 인구 3만 명의 보잘것없는 어촌 마을이었다.

잠자는 어촌 마을이었던 선전을 경제 개발 특구로 지정해 개혁개방의 상징으로 만든 인물은 덩샤오핑鄧小平이다. 그의 동상은 현재 선전 시내 중심의 롄화蓮花산 정상에서 선전을 내려다보고 있다. 롄화산은 당나라의 양귀비가 좋아했다는 과일 리치 나무가 숲을 이룬 아름다운 공원이다. 정상이 높지 않기 때문에 산책 삼아 가볍게 걸어도 쉽게 오를 수 있다. 정상에 있는 덩샤오핑 동상은 힘차고 바쁘게 걷는 역동적인 모습이다. 그는 개혁, 개방, 근대화라는 세 가지 목표를 위해 경제특구 전략을 세운 중국 집단 지도 체제 2세대의 핵심 인물이었다. "검은 고양이든, 흰 고양이든 쥐만 잘 잡으면 된다"는 흑묘백묘론을 이야기하며 사회주의든, 자본주의든 경제 발전을 위해서라면 가릴 것이 없다던 추진력이 동상에서도 잘 드러나 있다.

렌화산 정상의 덩샤오핑 동상

개혁개방 40주년을 기념해 선전의 서커우蛇口 지역에는 박물관이 생겼다. 서커우 공업 지대는 중국의 역사를 말할 때 빼놓을 수 없는 경제 계획의 중심지다. 덩샤오핑은 서커우 지역을 공업 지대로 키우기 위해 사회 기반 시설을 건설하고, 자유 무역 지구와 수출 가공 지역으로 삼았다. 좋은 투자 환경과 외국 자본, 기술, 장비 등이 투입되면서 서커우 공업 지대는 선전의 성장 기반이 됐다. 덩샤오핑이 선전을 택한 이유는 분명하다. 선전은 홍콩과 인접해 있어서 유통이 원활한 물류 중심지였고, 외지 인구가 대부분을 차지하는 이민 도시의 성격을 지니고 있어 급속한 변화에도 대체로 빠르게 적응하는 모습을 보여 왔다. 홍콩을 통해 도입된 자본과 기술은 선전의 경제 성장을 견인했고, 이런 모습을 보고 선전에 몰려든 젊은 이들은 선전의 경제와 도시 발전의 원동력이 됐다.

개혁개방 이후 선전은 신발, 봉제 공장 등 전통적인 제조업과 함께 각종 전자 제품, 기계 부품을 생산했다. 하드웨어 스타트업의 성지라 불리는 세계 최대 규모의 전자 시장 화창베이도 전자 산업의 발달과 함께 생긴 곳이다. 개혁개방 당시 덩샤오핑은 화창베이 일대를 전자 공업과 위탁 가공업 중심의 상부上步 공업 지구로 만들었다. 1985년 상부 공업 지구가 들어선 후 전자 기업들이 입주하고, 위탁 가공 방식의 외자 합작 회사 100여 개가 입점해 녹음기와 라디오, 전자시계 등을 생산하기 시작했다. 그해 선전 정부는 선전에 흩어져 있던 100여 개의 소규모 전자 기업을 모아 최초의 국영 전자 기업인 선전전자그룹을 만든다. 선전전자그룹은 선전의 전자 산업이 발전하기 위해서는 해외에서 부품을 수입할 때 생기는 절차상의 번거로움을 해결해야 한다고 판단하고, 1998년 중국 최초의 전자 전문 시장을 화창베이에 개업한다. 160여 개의 선전 현지 업체와 홍콩 업체가 입주했고, 이것이 오늘날 전 세계의 메이커들을 불러 모으고 있는 화창베이 전자 상가의 시초다.

평범해 보이는 이 시장은 계획 경제에서 시장 경제로 넘어가는 과정에서 중요한 역할을 했다. 정부가 첨단 기술 산업의 발전을 진흥하면서 선전 교외부에 해당하던 샹부 공업 지구가 중심가로 거듭났고, 이에 따라 많은 공장이 공업 지구를 떠나 외곽으로 이주했다. 이들이 떠난 자리에 화창전자세계, 사이보賽博디지털타운 등의 전자 상가가 줄줄이 등장했다. 이렇게 탄생한 화창베이는 삐삐부터 휴대폰, 컴퓨터, VCD, DVD, 디지털 카메라, 캠코더, MP3, 스마트폰까지 새로운 전자 기기가 유행할 때마다 부흥기를 맞았다. 덕분에 전자 부품과 디지털 상품, 휴대 통신 상품과 부품을 포함하는 종합 전자 전문 상가로 거듭날 수 있었다.

화창베이는 중국인의 꿈을 이뤄 주는 공간이었다. 신톈샤新天下 그룹의 우하이쥔吳海軍 회장은 화창베이 전자 상가에서 일하면서 IT 기술과 트렌드를 익혀 창업자로 성공한 케이스다. 우하이쥔 회장은 메인 보드, 그래픽 카드 등 컴퓨터 부품을 만들고 거래하던 업체인 선저우神舟 컴퓨터를 단숨에 중국 2위의 컴퓨터 기업으로 탈바꿈시켰다. 2002년 선저우 컴퓨터는 중국 국영 방송 CCTV를 통해 '펜티엄4 컴퓨터 1대가 4888위안!'이라는 광고를 낸다. 당시 펜티엄4 컴퓨터 시중 가격의 절반도 안 되는 금액이었다. 광고가 나간 후부터 중국 전역에 선저우 컴퓨터를 사려는 사람이 길게 줄을 섰다.

우하이쥔 회장은 재고 처분에 들어간 중앙 처리 장치 CPU를 저렴한 가격에 사들이면 양질의 컴퓨터를 만들 수 있다고 판단했다. 화창베이 시장에서 업계의 움직임을 보면서 기회를 발견한 것이다. 이후로도 선저우 컴퓨터는 저가 데스크톱 컴퓨터와 노트북을 출시해 인기를 끌었고, 컴퓨터 시장에 진출한 지 4년 만에 레노버에 이은 중국 2위 업체로 부상했다. 선저우 컴퓨터는 여전히 선전에 본사를 두고 글로벌 시장에서 활동하고 있다.

대중의 창업, 만민의 혁신

전자 제품의 메카 선전이 지금과 같은 하드웨어 스타트업의 중심지로 변모한 것은 2013년 즈음이다. 샌프란시스코에 본사를 둔 하드웨어 스타트업 액셀러레이터 핵스HAX가 선전으로 본사를 이전한 것이 시발점이 됐다. 핵스는 선전에서 단기간에 제품 설계와 양산이 가능한 환경을 만드는 액셀러레이터 프로그램, 제품의 시장화를 돕는 부스트 프로그램을 운영하며 체계적으로 스타트업을 관리하고 있다. 이와 함께 소규모로 열리던 메이커 페어 선전도 2014년부터 '대중의 창업, 만민의 혁신大衆創業 萬衆創新'이라는 정부 기조와 맞물려 규모를 키웠다. 창업가 육성이라는 정부 방침에 메이커 문화가 부합한 것이다. 2015년 메이커 페어 선전에 리커창李克强 총리가 깜짝 방문한 것은 선전이 메이커 문화의 중심지라는 사실을 중국 안팎에 알린 이벤트였다. 당해 메이커 페어 선전은 19만 명의 관람객을 동원하며 영향력을 입증했다.

메이커 페어가 열리면 난산 소프트웨어 산업 단지 전체가 커다란 행사장으로 변한다. 난산은 민관 협력으로 조성된 창업 특구다. 중국 정부와 선전 정부의 지원을 받아 100여 개가 넘는 액셀러레이터, 인큐베이터 등의 창업 지원 기관이 입주해 있다. 이들은 메이커 페어 개막 전부터 도심 곳곳에 행사를 알리는 현수막을 걸고 이벤트를 개최한다. 선전 사람들에게 메이커 페어는 산자이의 천국에서 중국 혁신의 중심지로 거듭난 선전을 세계로 알릴 수 있는 좋은 기회다. 최근에는 각종 교육 프로그램을 보완해 아이들을 위한 학습 공간으로도 주목받고 있다.

2017년 메이커 페어에는 30개국에서 온 667명의 메이커가 참여해 200여 개의 부스를 차렸다. 메이커 페어 선전만의 독특한 이벤트는 참가자들이 직접 만든 로봇으로 대결을 벌이는 로봇 컴뱃robot combat이다. 경기 방식은 권투와 같다. 로봇이 서로 타격을 주고받는 동안 더 많이 넘어진 쪽이 지는 방식이다. 쓰러진 후에 열을 셀 때까지 일어나지 못해도 패한다. 2017년 페어에는 중국과 홍콩, 마카오 등에서 온 16개 팀이 참가해 승부를 겨뤘다. 세계에서 가장 큰 드론 제조사인 DJI 본사를 둔 지역답게 드론 컴뱃drone combat도 열려 관객들의 눈길을 끌었다. 보통 드론 경기는 빠르게 장애물을 통과하는 방식이지만, 메이커 페어 선전에 신설된 드론 컴뱃은 드론과 드론이 부딪히는 경기였다. 한 번에 세 대의 드론이 공중전을 펼쳐 마지막까지 남는 팀이 승리를 거뒀다. 공중에서 경기를 벌이다 보니 기기가 그물에 걸리거나, 파손되는 경우가 많았지만 관객들의 호응이 높았다.

메이커 페어의 가장 큰 의의는 남녀노소가 자유롭게 메이킹을 경험할 수 있는 체험 부스다. 기업이 홍보 차원으로 펼쳐 놓은 것도 있지만, 순수하게 만들기를 체험하는 대규모 부스도 많다. 어린아이들이 어색해하지 않고 무언가를 만드는 모습에서 중국 미래의 단면을 만날 수 있다.

선전에서 메이커는 창업가와 같은 의미로 쓰여 왔다. 글로벌 전기차 시장에서 테슬라와 선두 자리를 놓고 다투는 비야디는 선전의 대표 제조 기업이다. 한국에서는 알리바바나 텐센트, 바이두 등의 IT 회사에 비해 덜 알려져 있지만 경제 성장이 둔화된 상황에서도 신재생 에너지로 몸집을 불리고 있다는 점에서 주목할 만하다. 비야디는 1995년 휴대폰과 전자 제품에 들어가는 배터리 제조 기업으로 시작해 세계 선두 자리에 올랐고, 2003년에는 자동차 시장에 뛰어들어 중국 시장뿐만 아니라 세계 시장에 자동차 메이커로 이름을 알렸다. 더불어 친환경 에너지 분야에서도 두각을 나타내며 정상권 기업으로 인정받고 있다.

비야디의 창업자 왕촨푸王傳福 회장은 가난한 농민 가정에서 태어나 중난中南 대학 물리학과를 졸업하고, 20대 초반부터 베이징의 배터리 연구소에서 연구원으로 일했다. 당시 그는 효율이 뛰어난 배터리를 만들고 싶었던 기술 좋은 연구 인력이었다. 그러다 27세 때 연구소가 자회사 격으로 설립한 배터리 회사 비거比格에 대표로 취임하며 경영인의 길을 걷게 된다. 그는 재직 당시 일본 기업이 포기했던 니켈 카드뮴 배터리 제조에서 틈새시장을 포착했지만, 연구소는 그의 꿈을 이룰 수 있는 공간이 아니었다. 왕 회장은 1995년 안정적인 직장을 떠나 창업가의 길에 들어선다. 20여 명의 직원들과 함께 선전 국경 근처의 허름한 창고에서 배터리 회사 비야디를 설립했다.

90년대 배터리 시장은 일본 기업이 주도하고 있었고, 중국의 배터리 기업은 외주 형태로 조립을 맡는 경우가 많았다. 일본 기업은 다른 나라에 배터리 설비나 기술을 이전하는 것을 꺼렸다. 왕 회장은 기회를 잡기 위해 창업자로 나섰지만 가지고 있는 자금이 없었다. 배터리를 만들려면 수천만 위안에 달하는 설비를 갖춰야 했지만, 그의 손에 있는 자금은 부동산 일을 하던 사촌에게 빌린 250만 위안(약 4억 원)이 전부였다. 왕촨푸 회장은 자신에게 없는 것을 구하기보다 가지고 있는 자산을 십분 활용하기로 마음먹는다. 개발자들과 함께 직접 배터리 핵심 설비를 고안해 내고, 나머지 부분은 사람의 손으로 만들어 내는 공정을 도입했다. 풍부한 인력을 비교적 저렴한 가격에 기용할 수 있는 중국 시장 상황을 활용한 조립 방식이었다. 덕분에 수천만 위안이 들어가는 설비를 100만 위안으로 완성할 수 있었다. 생산 원가가 높은 배터리 사업을 노동 집약적 사업으로 변화시킨 것이다.

비야디는 연구진이 쌓아 온 배터리 기술을 바탕으로 효율은 높지만 가격이 저렴한 제품을 통해 중저가 시장에서 저변을 넓히기 시작했다. 소니와 산요 등 일본 기업에게 특허권 침해 소송을 당하기도 했지만, 비야디의 배터리는 일본 제품보다 저렴한 가격과 좋은 성능으로 인정을 받았다. 2000년 이후에는 연구 개발R&D에 투자해 비야디만의 핵심 기술을 보유하게 됐고, 중국 최초로 모토로라에 배터리를 공급하며 배터리 분야에서 세계 1, 2위를 다투는 기업이 됐다. 비야디는 창립 이후 매년 100퍼센트 이상의 성장률을 기록했다. 2002년 홍콩 증시에 상장했을 무렵, 왕 회장에게는 '배터리 왕'이라는 별명이 붙었다. 그의 나이 겨우 36세 때의 일이다.

비야디는 배터리 회사로 안정기에 올랐지만 왕 회장은 여기서 만족하지 않고 새로운 시장에 도전한다. 다음 사업 목표는 자동차였다. 비야디는 2003년 중국 국영 기업인 친촨秦川 자동차를 인수하며 자동차 산업에 뛰어든다. 당시만 해도 투자자와 주주 대부분이 반대했던 결정이었다. 비야디가 친촨 자동차를 인수한 직후 회사 주가는 무려 21퍼센트나 급락했다. 하지만 왕 회장은 뜻을 꺾지 않았다. 배터리 왕에 이어서 자동차 왕이 되리라고 호언장담했다. 비야디 자동차의 초기 전략은 가격 대비 성능, 즉 '가성비'였다. 해외 제품과 성능 면에서는 비슷하지만 가격은 절반 정도밖에 되지 않는 제품을 내놓은 것이다.

2008년 글로벌 금융 위기 이후 중국 자동차 시장의 성장세가 둔화되자 비야디는 전기차 개발에 집중하기 시작했다. 그리고 비야디 자동차 역사에 획을 그은 모델 F3를 개발한다. 하이브리드 자동차 F3는 출시 당해 29만 대의 판매고를 올렸고, 비야디는 중국에서 가장 많이 팔린 단일 모델 자동차의 제조사가 됐다. F3는 창문 유리나 타이어를 빼고는 모든 것을 비야디가 개발한 자동차로, 1회 충전으로 최대 100킬로미터를 주행할 수 있다. 이후로도 비야디는 순수 전기차 E6, 하이브리드 자동차 친秦 등의 히트 모델을 선보이며 자타공인 중국 정상의 위치에 올라선다.

모든 이가 비야디의 다음 승용차를 기대할 때 왕 회장은 이익 최대화를 위한 틈새시장을 공공 부문에서 찾는다. 자동차 산업이 신재생 에너지를 중심으로 발전하며 글로벌 시장에서 이에 대한 수요가 급증할 것이라고 예측했다. 그의 판단은 옳았다. 중국을 비롯한 세계 각국에서 친환경 운송 수단을 찾을 때 비야디는 훌륭한 대안이 됐다. 선전 정부는 2011년부터 전기 버스를 운영하기 시작해 2017년에는 1만 6000여 대의 공공 버스 모두를 전기 버스로 바꿨다. 비야디는 선전 시내에서 운행되는 전기 버스의 80퍼센트를 생산하고 있다. 선전 정부는 2020년까지 택시 전량을 전기차로 교체할 계획이다. 이미 선전의 택시에서 전기차가 차지하는 비율은 절반을 넘는다. 비야디는 E6 모델을 전기 택시로 공급하고 있으며, E6 모델은 중국 외에도 35개국 100여 개 도시에서 운행되고 있다.

이 모든 것이 20여 년 만에 벌어진 일이다. 비야디는 20년 만에 직원 규모가 22만 명에 달하는 대기업으로 성장했다. 왕 회장은 자신의 길을 가는 기업가이기도 했지만, 시장의 흐름에 따라 빠르게 사업을 전환하는 능력이 뛰어났다. 왕 회장이 화석 연료 자동차 제조만을 고집했다면 현재의 성장은 불

가능했을 것이다. 무엇보다 그는 자체 기술 개발에 과감한 투자를 아끼지 않았다. 왕 회장은 평소 기술자를 최고 자본으로 꼽는다. 그는 "300명의 우수한 중국 엔지니어가 1명의 선진국 엘리트를 대신할 수 있다"고 이야기하며 차세대 메이커 양성을 중요한 과제로 꼽고 있다.

선전은 메이커 문화의 중심이자, 창커創客 문화의 상징과 같은 도시다. 창커는 IT 기술을 기반으로 창업하는 이들을 부르는 말이다. 기업 가치 10억 달러 이상의 '유니콘 기업'인 메이크블록Makeblock은 선전의 제조업 인프라를 활용해 메이커 교육을 위한 프로그램을 만든다. 로봇 키트, 전자 빌딩 블록 플랫폼 등을 개발해 140개국 2만 개 이상의 학교에 보급하고 있다. 제이슨 왕Jasen Wang 메이크블록 대표는 메이크블록이 로봇과 드론 등의 기계를 만들고 프로그래밍을 하고 싶은 이들을 위한 차세대 플랫폼이 될 것이라고 말한다.[4] 학생들은 30여 개의 블록으로 구성된 이들의 키트를 조립하는 과정에서 로봇의 기본 구조와 기능을 익히고, 다양한 센서와 프로그램을 다루는 방법을 익힐 수 있다.

메이크블록이 개최하는 국제 로봇 대회 메이크엑스MakeX는 10대들을 위한 로봇 경진 대회다. 이 대회는 전 세계를 대상으로 참가자를 모집하며, 참가한 이들은 메이크블록이 제공한 키트를 가지고 자신만의 로봇을 만들어 낸다. 이

과정에서 참가자들이 자신만의 과학, 기술, 공학, 예술 역량을 펼칠 수 있다는 것이 제이슨 왕 대표의 설명이다.[5] 메이크블록은 선전의 인프라를 활용해 성장한 기업이, 다시 새로운 메이커를 위한 활동을 벌이는 대표적인 사례. 메이커 정신을 기반으로 선전을, 나아가 중국을 대표하는 하드웨어 기업들이 탄생하고 있다.

기회의 땅, 선전

중국에는 더 많은 가능성이 있다. 중국이라는 원석이 다듬어지면 세계가 놀라게 될지 모른다. 선전의 제조 공장들은 "설계도만 있다면 무엇이든 만들어 주겠다"는 자세다. 한국 제조 공장은 대기업을 중심으로 부품을 납품하는 곳이 대다수지만, 선전의 제조 공장들은 스타트업과 협력하며 새로운 기술을 배우는 것이 경쟁력이라는 사실을 알고 있다. 제조 공장이 살아남기 위해서는 각 공장마다 특색을 가져야 하고, 이를 위해서는 중소기업의 아이디어를 무시할 수 없다. 이런 자세 덕분에 선전 제조 공장 노동력의 기술 수준이 높아지고, 이것이 선전의 제조업 생태계를 움직이고 있다.

　　이제 선전은 제조업 도시를 넘어 금융, 물류 허브로의 진화를 꿈꾼다. 중국 정부가 야심차게 추진하는 '웨강아오粤港澳 대만구大灣區' 계획은 선전을 포함한 광둥성 9개 도시와 홍콩, 마카오를 잇는 메가 경제권을 만드는 전략이다. 세 지역은 지리적으로 가까울 뿐만 아니라 산업 측면에서도 각각의 장점이 있다. 홍콩은 금융과 서비스 분야를 선도하는 도시이고, 마카오는 경쟁력 있는 스마트 제조 공정을 갖추고 있다. 선전으로 대표되는 광둥성은 첨단 기술과 혁신의 상징으로, 이들의 역량을 합치면 이상적인 경제권이 탄생할 수 있다. 텐센트, 화웨이, ZTE를 비롯해 글로벌 물류 기업 S.F.익스프레스 S.F. Express, 중국 최대의 에어컨 전문 기업 그리GREE 등이 웨강아오 지역에서 탄생한 사실은 이곳의 가능성을 잘 보여 준다.

중국의 리서치 기업 아이메이艾媒가 발표한 〈2017~2018 중국 웨강아오 대만구 연구보고서〉에 따르면 웨강아오 대만구 지역의 GDP는 2017년 기준 1조 3800억 달러로, 샌프란시스코만구(8200억 달러)의 경제 규모를 넘어섰다. 2016년 웨강아오 대만구 지역의 경제 성장률이 뉴욕만구와 도쿄만구의 2배가 넘는 것을 감안하면, 뉴욕만구(1조 4500억 달러)와 도쿄만구(1조 8600억 달러)도 조만간 뛰어넘을 수 있을 것으로 예상된다.[6] 중국은 이 지역을 발판 삼아 세계 경제를 이끄는 주도국이 되려고 한다. 웨강아오 대만구 발전 계획의 구체적인 모습은 2017년 중국 국가발전개혁위원회와 광둥성-홍콩-마카오 지방 정부의 공식 서명으로 드러났지만, 중국 정부는 2013년부터 해상 실크로드 등의 청사진을 제시해 왔다.

세 지역의 교류를 활성화할 수 있는 인프라도 속속 마련되고 있다. 홍콩 반환 20주년을 기념해 건설 중인 최장 길이의 해상 교량 강주아오港珠澳 대교[7]는 2018년 7월 개통 예정이다. 강주아오 대교는 홍콩과 광둥성 주하이, 마카오를 잇는다. 2018년 9월에는 광저우와 선전, 홍콩을 잇는 고속 철도가 들어선다. 세 지역이 더 밀접한 관계를 맺게 되면 선전의 기업에 큰 기회로 작용할 수 있다. 때문에 중국 IT 기업의 양대 산맥인 알리바바와 텐센트도 정부 기조에 적극 호응하고 있다. 텐센트의 마화텅馬化騰 회장과 알리바바 마윈馬雲 회장은 웨강아오 지역을 미국 실리콘밸리에 비견되는 경제 벨트로 키워야 한다는 의견을 수차례 표명해 왔다.

선전과 홍콩의 경제 통합도 가시화되고 있다. 2015년 자유 무역 지구로 지정된 선전 첸하이前海는 홍콩과 선전의 통합을 위한 시범 무대다. 첸하이는 홍콩 국경에서 15분 거리에 위치해 있으며, 선전 국제공항과도 가까워 홍콩과 중국 내륙 시장을 연결하기 용이하다. 중국 정부는 첸하이를 2020년까지 글로벌 금융 허브로 만들겠다는 계획이다. 홍콩의 금융 역량을 흡수하기 위해 홍콩의 금융 기업을 유치하고, 위안화의 자유 태환을 허용하는 등 과감한 정책을 도입했다. 2016년 말까지 첸하이에 입주한 금융 기업은 5만 1188개로 등록 자본금은 4조 4112억 위안(약 750조 원)에 달한다.[8] 홍콩의 대표 은행인 HSBC, 항셍恒生은행, 동야東亞은행 등도 첸하이에 거점을 두고 있다. 홍콩 은행은 첸하이 내 중국 회사에 위안화 대출을 제공할 수 있고, 중국 기업은 복잡한 절차 없이 홍콩 자금을 받을 수 있다는 장점이 있다.

더 많은 글로벌 기업을 유치하기 위해 첸하이는 파격적인 조세 혜택을 제공한다. 기업은 심사를 거쳐 15퍼센트의 소득세율을 적용받을 수 있다. 통상 중국 기업의 소득세율이 25퍼센트인 것을 감안하면 매우 낮은 수치다. 개인의 경우에도 40퍼센트의 소득세를 내야 하지만, 첸하이에서는 심사를 거쳐 15퍼센트를 초과한 부분에 대해서는 선전 정부의 지원을 받을 수 있다.

첸하이는 홍콩과 선전 정부가 협력해 스타트업을 육성하는 창업 허브이기도 하다. 조세 혜택이 제공될 뿐만 아니라 창업 절차가 간단하기 때문에 중국에 뿌리를 내리고자 하는 신생 기업에게는 기회의 땅이다. 선전 정부와 홍콩 정부는 2014년부터 청년 사업가 허브Youth Innovation and Entrepreneur Hub를 운영하고 있다. 다른 창업 센터에 입주한 기업의 다수가 중국 기업인 것에 반해 첸하이의 청년 사업가 허브에서 활동 중인 스타트업의 절반 이상은 홍콩 기업이다. 2018년 기준 인큐베이팅 단계에 있는 창업 팀은 304개인데, 홍콩과 마카오 출신이 158개로 절반 이상을 차지하고 있다.[9] 창업 분야에서 두 도시의 협력은 앞으로도 계속될 것으로 보인다. 레노버 레전드 스타Lenovo Legend Star, 차이나 텔레콤China Telecom, DJI 이노베이션DJI Innovations, 화웨이 테크놀리지스Huawei Technologies 등의 민간 인큐베이터도 홍콩인을 대상으로 인턴을 채용하고 있다.

홍콩과 선전의 경제 협력에는 가속도가 붙는 모양새다. 2017년 1분기까지 쳰하이에 입주한 홍콩 기업은 4441개로, 이들 기업의 부가 가치 생산액은 쳰하이 전체 업체의 생산액에서 22퍼센트를 차지한다.[10] 여기에 선전은 중국 개혁개방 40주년을 계기로 새로운 도약을 준비하고 있다. 기업하기 좋은 환경을 만들기 위해 각종 행정 중개 수수료를 폐지하고, 기업들의 전력비를 10퍼센트 감면해 주기로 했다. 해외 인재를 유치하기 위해 5년 또는 10년 복수 비자를 무료 발급하는 한편, 주택 우대 정책을 내놓고, 국제 학교도 건설할 예정이다.

물론 국가 주도로 지역을 통합하고 인프라를 조성한다고 해서 반드시 경제가 살아나지는 않는다. 웨강아오 지역이 미국의 실리콘밸리처럼 되려면 젊은 인재를 양성할 수 있는 교육 분야에 대한 투자 등 다양한 변화와 혁신이 필요하다. 웨강아오 대만구 발전 계획은 이제 시작 단계다. 음식을 만드는 일에 비유하면 이제 겨우 냄비에 재료를 넣은 상태인 것이다. 제대로 된 요리가 나올지, 아닐지는 다 끓여 봐야 확인할 수 있다. 하지만 중국은 큰 그림을 그리고, 시간을 들여 완성하는 데 익숙한 나라다. 이 계획을 긍정적으로 전망할 수밖에 없는 이유다.

보이는 것이 전부가 아니다

중국에서는 하드웨어를 만든다고 하면 선전을 찾는 것이 너무나 당연한 선택지다. 해외 유수 언론에서도 선전을 '하드웨어의 실리콘밸리'라고 소개한다. 선전이 중국은 물론이고, 세계 하드웨어 스타트업의 대표 무대로 발돋움한 데에는 개혁개방 이후 40년 동안 축적된 탄탄한 제조업 인프라가 있다. 미국이나 한국에서 창업한 하드웨어 스타트업을 상상해 보자. 이들이 제품 개발을 위해서 프로토타입을 만들고 있다면, 각종 공구 상가나 전자 상가를 돌아다니며 각 회사의 제품 사양에 맞는 부품을 찾아야 한다. 자국에서 구할 수 없으면 이베이eBay 혹은 알리익스프레스AliExpress 같은 온라인 쇼핑 플랫폼에서 주문해야 한다. 주문한 제품은 빠르면 일주일 안에 받을 수 있지만, 늦게 배송되는 경우에는 보름 혹은 1개월 이상 걸릴 때도 허다하다.

어디서 주문을 하든 부품의 대부분은 중국 선전에서 배송된다. 그러니 선전에 거점을 두고 시제품을 제작한다면 스타트업의 생명인 시간을 크게 단축할 수 있다. 선전에는 산업 디자인과 기구 설계, 전자 회로 설계를 맡길 수 있는 수백 개의 디자인 하우스가 있고, 컴퓨터를 통해 정밀 부품을 생산하는 컴퓨터 수치 제어CNC 기술, 진공 주조 등을 통해 프로토타입을 만들 수 있는 공장도 즐비하다. 특히 다양한 재료를 싸

게 구할 수 있다는 점이 가장 큰 매력이다. 그래서 스타트업들이 3개월 안팎으로 선전에 머물며 제품 개발에 힘을 쏟는 경우가 많다. 거점을 만들지 않아도 부품 조달이나 부품의 시장 가격을 조사하기 위해 한 번쯤은 방문하는 지역이 선전이다.

선전의 중심에는 화창베이 전자 상가가 있다. 화창베이는 10층 이상 규모의 대형 상가를 비롯해 30여 개 건물이 즐비하게 늘어선 전자 제품 전문 매장이다. 2015년에 화창베이 전자 상가를 처음 방문하고 가장 놀란 것은 엄청난 규모였다. 지인들로부터 용산 전자 상가의 열 배에 달하는 크기라는 이야기를 들었는데, 실제 규모는 그보다 훨씬 커 보였다. 게다가 곳곳에 보이는 타워크레인과 포클레인, 인부들의 모습은 앞으로 화창베이가 더 커질 것임을 말해 주고 있었다. 첫 출장 때 하루 만에 화창베이를 다 살펴볼 수 없어서 둘러보기 위한 일정을 따로 잡아야 했다. 화창베이 중심부에 있는 호텔을 예약하고, 며칠 동안 화창베이를 둘러본 뒤에야 진짜 정체가 손에 잡히는 것 같았다.

화창베이에는 '없는 것 빼고는 다 있다'는 농담이 통할 정도로 다양한 부품이 있다. 시중에서 찾기 힘든 구형 전자 부품, 전선, 커넥터, 배터리, LED, 메모리, 중앙 처리 장치, 표면 실장 소자SMD, 블루투스, 통신 모듈, 디스플레이, 센서, 모터 등 제품 제작에 필요한 거의 모든 부품을 구할 수 있다.

화창베이 전자 상가 내부

　　단점이라면 지나치게 넓고, 판매점이 종류에 맞게 구분되어 있는 것이 아니라 여러 건물에 산재되어 있다는 것 정도다. 하지만 이것도 방법을 알고 나면 쉽게 해결할 수 있다. 화창베이의 웹 사이트(www.hqew.com)에서 부품을 검색하면, 해당 부품을 판매하는 점포의 건물과 호수가 정확하게 나온다. 직접 찾아가거나 인터넷으로 주문한 뒤 제품을 택배로 받으면 된다. 어떤 곳이든 소량에서 대량까지 다양하게 주문이 가능하고, 상점 대부분이 인쇄 회로 기판PCB이나 시제품 제작, 표면 실장 기술SMT 등의 서비스를 제공하는 것도 화창베이의 장점이다.

눈에 띄는 특징은 작은 매장이 밀집한 곳에서 흔히 나타나는 호객 행위가 거의 없다는 것이다. 매장을 들여다보면 손님을 응대하는 직원보다 택배 상자에 부품을 넣고 있는 직원이 더 많다. 이들은 이미 온라인을 통해 거래가 성사된 물품을 포장하고 있는 것이다. 화창베이 전자 상가에는 겉보기에는 영세한 소매점이지만, 실제로는 300명이 넘는 규모의 제품 공장을 거느리고 있는 점포가 다수 있다. 실제로 운영에 큰 역할을 하는 것은 온라인 거래이고, 화창베이의 점포는 전시관이나 홍보관의 역할을 겸한다. 핀테크를 선도하는 국가답게 주문과 결제는 위챗페이로 간편하게 처리할 수 있다. 소매점 거래를 불편하게 만드는 요소들을 최첨단 시스템으로 해결하고 있다는 사실이 화창베이 전자 상가의 보이지 않는 진짜 매력이다.

화창베이 전자 상가는 새로운 도약을 준비하고 있다. 도시 미화 사업으로 2017년 여름부터 깔끔한 모습으로 탈바꿈했고, 화창베이에 입성하는 업체들 사이에서도 세대교체가 이뤄지고 있다. 화창베이는 세계 최대 휴대폰 시장인 중국의 최신 동향을 보여 주는 곳이다. 3년 전만 하더라도 가장 많이 보이는 브랜드는 삼성과 애플이었다. 하지만 불과 1~2년 만에 그 자리를 중국 업체가 대신하고 있다. 화웨이, ZTE, 오포OPPO, 비보VIVO 등의 선전 지역 기업들이 생산한 브랜드가 중국 휴대폰 시장을 주도하고 있다는 방증이다.

선전은 백색 가전의 부품을 만들던 제조 기지에서 첨단 기술의 메카로 빠르게 변화하고 있다. 그 중심에 있는 화창베이는 대중의 수요가 생기면 그에 맞는 해소책을 공급한다. 최근 화창베이에서는 비트코인 채굴기 판매가 성업 중이다. 또 각종 인공지능 스피커의 대부분이 선전에서 만들어지고 있다. 국내의 대표적인 인공지능 스피커인 네이버 클로바프렌즈나 카카오미니도 선전과 그 주변의 후이저우惠州 지역에서 양산되고 있다.

과거 선전은 산자이라 불리는 모조품 천국이었다. 산자이는 고전 소설 《수호지》에서 유래한 단어로, 도적들이 모여 사는 소굴을 뜻하던 말이다. 샤오미小米가 글로벌 기업이 되면서 이제는 샤오미를 따라 하는 산자이 브랜드도 생겼다. 샤오미의 이름을 비틀어 자체 로고를 붙여 파는 다미大米라는 브랜드는 메이커 사이에서 유명한 존재다. 그러나 중국인들은 산자이를 단순히 모조품이라 생각하지 않는다. 《수호지》의 도적들이 악당이 아니라 의로운 협객이라는 사실이 드러나는 것처럼, 산자이는 글로벌 브랜드에 대항하는 중국 무명 브랜드의 반란을 뜻하는 긍정적인 말로 쓰인다.

우예빈吳燁彬은 산자이 신화를 대표하는 인물이다. 그의 성장 과정은 선전의 산자이 문화 발전과 궤를 같이한다. 10년

전 선전에 자리 잡은 우예빈은 2008년 애플의 노트북을 카피한 제품으로 무려 30만 대의 판매고를 올렸다. 2012년에는 아이패드를 카피해서 9만 대를 팔았고, 이 사건으로 CNN 등 해외 매체에 '산자이 왕'으로 이름을 알렸다. 당시 선전에는 모방 제품으로 돈을 버는 이들이 많았다. 한국에서도 메이드 인차이나 제품은 저가의 질 나쁜 제품으로 인식되곤 했다. 그러나 우예빈은 산자이 문화 덕에 자신의 사업 기반을 만들 수 있었다. 이제 그는 다른 제품을 모방하지 않고 자신만의 상품을 만든다. 최근에는 미고 패드MeeGoPad라는 회사를 설립, HDMI 포트에 꽂아 쓰는 초소형 컴퓨터를 생산한다. 우예빈은 "어느 나라든 처음에는 다른 나라의 것을 참고하고 모방해서 제품을 만든다"고 한다.

과거 한국도 미국과 일본 제품을 모방하던 때가 있었다. 그 과정에서 기술력이 점차 발전해 더 나은 수준의 독자적인 상품을 만들게 된다. 중국에서 조금 늦게 이런 일이 일어나고 있다고 생각하면, 중국의 모방 문화를 꼭 부정적으로만 바라볼 수 있을까. 우예빈처럼 산자이를 단순한 모조품으로만 생각하지 않는 중국인의 정신에서 글로벌 브랜드가 되는 유망주들이 등장하고 있다. 세계는 또 다른 샤오미, 또 다른 우예빈의 탄생을 기대하며 중국의 하드웨어 스타트업을 주목한다. 그리고 그 중심에 선전이 있다.

창업자보다 많은 액셀러레이터

선전에는 시제품 제작을 돕는 차원을 넘어, 공정에 필요한 장비의 사용법을 교육하거나 스타트업을 위한 커뮤니티를 구축하는 등 하드웨어 스타트업 운영에 필요한 실용적인 프로그램을 제공하는 액셀러레이터, 창업 인큐베이팅 및 코워킹 co-working 스페이스의 인프라가 구축되어 있다. 대표적으로 난산 소프트웨어 산업 단지가 있다. 초기 이 단지에는 소프트웨어 및 정보 서비스 기업, 국가 혁신 기업, 국내외 지명도가 높은 기업들이 입주했으나, 최근 선전 창업의 핵심 지역으로 변모하면서 하드웨어 스타트업과 액셀러레이터가 다양하게 자리를 잡았다.

인구 1200만 명가량인 선전에 거점을 둔 기업은 2016년 기준 150만 4000여 개다. 산술적으로 보면 8명당 1개 기업이 있는 셈이다. 스타트업에 투자하는 중국 벤처 캐피털의 3분의 1이 선전에 몰려 있다는 사실도 선전의 창업 열풍을 잘 보여 주는 지표다. 난산에는 80개에 달하는 민간 액셀러레이터가 자리하고 있고, 시드 스튜디오Seeed Studio와 같은 소규모 공장형 기업, 창업 카페인 산더블유커피3WCoffee 등이 스타트업의 교류와 소통, 육성을 위한 플랫폼 역할을 하고 있다. 하드웨어 스타트업이 주목할 것은 소량 생산에 특화된 공장형 기업 시드 스튜디오와 액셀러레이션 프로그램이다.

시드 스튜디오는 공장형 제조 기업으로, 최소 10개에서부터 1만 개까지 주문자가 원하는 만큼의 부품 생산이 가능한 곳이다. 하드웨어 스타트업에 필요한 저비용 소량 생산이 가능해 시제품 제작에 중요한 역할을 한다. 또 1만 개를 넘어서는 수량에 대해서는 팍스콘 등 대량 공정에 특화된 공장과 연결해 주는 중개자 역할도 한다. 시드 스튜디오에서는 기본적으로 레이저 커팅을 비롯해 3D 프린팅 서비스, 최적화 패키징 라인OPL, 인쇄 회로 기판, 프로토타입 서비스 등을 제공하고 있다. 이들 공정 비용은 여타 중국 공장들에 비해서도 10~20퍼센트가량 저렴하다. 또 별도의 층에 마련된 연구 개발 센터에서는 유수의 제조 공정이 연구되고 있으며, 제조하는 이가 원하는 제품을 직접 만들어 볼 수 있는 작업 공간도 마련되어 있다.

선전에는 창업 지원 공간뿐만 아니라 액셀러레이터가 상당수 존재한다. 이들은 지역의 우수한 하드웨어 인프라를 바탕으로 아이디어를 실제 비즈니스로 성장시켜 주는 역할을 한다. 2016년 기준 선전에 위치한 액셀러레이터는 144개다. 국가급과 광둥성급 액셀러레이터와 선전시로부터 정책 지원과 인증을 받은 기관을 모두 합한 숫자다.[11] 중국은 정부가 직접 창업 지원 센터를 만들지 않고, 정부가 평가를 통해 국가급이나 성급, 시급으로 등급을 매긴 후 지원금을 지급한다. 선전의 액셀러레이터에서 육성 중인 기업은 약 7900개로 관련 직원만 20만 명에 달할 것으로 파악된다. 최근에는 '창업자보다 액셀러레이터가 더 많다'는 농담이 들릴 정도다.

선전에는 하드웨어 창업을 전문적으로 지원하는 500여 개 창업 지원 공간이 있다. 하드웨어 액셀러레이터 따공팡大公坊은 500개 기관 중에서 중국 국가 공인을 받은 30개 기관 중 하나다. 선전에서 산업 디자인 관련 사업을 하던 중견 기업 따디엔大典이 중국 내 창업 열풍에 발맞춰 2014년 창립한 곳이다. 따공팡은 2015년 선전시 정부가 매년 시행하는 창업 기관 평가 프로그램에서도 1등급을 받아 지원금 100만 위안(약 1억 7000만 원)을 받기도 했다.

'혁신을 실현하라'라는 모토를 내세운 따공팡은 단순한 창업 지원 기관이 아니다. 중국 중소·벤처 기업 전용 장외 거래 시장인 신산반新三板에 상장된 기업이기도 하다. 따공팡이 위치해 있는 건물 2층 엘리베이터 앞에 도착하면 낯익은 한글 현판이 눈에 띈다. 따공팡은 한국의 스타트업 지원 기관 및 각종 협회, 대학 등과 다양한 교류를 하고 있으며, 국내 스타트업들도 이곳에서 빠르게 제품 고도화 작업에 열을 올리고 있다.

따공팡은 공간 제공, 직접 투자, 크라우드 펀딩 등 다양한 방식으로 스타트업을 지원한다. 생산 의뢰를 하는 기업 중에 약 30곳을 선정해 사무 공간을 지원한다. 스타트업은 6개월 동안 무료로 공간을 사용할 수 있다. 액셀러레이터들은 입주한 팀 중 시장성이 높다고 판단한 기업과 개인에게는 직접 투자를 한다. 따공팡도 30개 기업 중에서 7~8개 기업에게 직접 투자한다. 보통 10~30만 위안(약 1700~5000만 원) 규모의 시드 머니다. 투자하며 받는 지분은 10~20퍼센트 수준이다.

크라우드 펀딩 프로젝트도 돕는다. 킥스타터Kickstarter와 같은 해외 주요 플랫폼에서 모금을 진행할 경우, 홍보 영상이나 상세 페이지 제작, 홍보 등에만 약 1억 원이 든다. 그렇기 때문에 설사 목표 금액을 달성한다고 하더라도, 실질적인 제품을 양산하기에 자금이 부족한 경우가 발생한다. 따공팡은 영상 제작과 상세 페이지 디자인 등을 지원함으로써 초기 기업이 과도한 마케팅 비용을 지출하지 않도록 돕는다.

따공팡은 아이디어만 있으면 창업이 가능하다고 강조한다. 선전의 인프라를 적극 활용해 창업자의 아이디어 구현부터 투자에 이르는 스타트업 성장의 전 과정을 돕는다. 협업 공간이자 인큐베이터이고, 하드웨어 액셀러레이터이자 생산 공장이다.

중국의 액셀러레이터와 인큐베이터는 창업자에게 사무 공간, 교육, 투자 유치 연계, 네트워킹, 마케팅 등 기본적인 지원을 제공하지만 각 기관마다 특화된 영역이 조금씩 다르다. 예를 들어 E-커머스 기업 징동京東은 유저 트래픽이나 확산

채널, 온라인 마케팅 측면에서 강점이 있는 액셀러레이터를 운영한다. 중국계 액셀러레이터는 아니지만 선전을 기반으로 활동하는 하드웨어 액셀러레이터인 핵스는 하드웨어 설계부터 시제품 제작까지 스타트업과 함께한다. 프로그램이 끝나는 시점에는 실리콘밸리로 같이 건너가 투자자와 미디어를 대상으로 데모데이[12]를 진행한다.

제조 스타트업이 꿈꾸는 모든 것이 선전에 있다

핵스는 선전의 체질 변화에 중요한 역할을 한 하드웨어 스타트업이라는 점에서, 또 중국에 거점을 두지 않은 액셀러레이터라는 점에서 주목할 필요가 있다. 핵스는 하드웨어 스타트업이 꿈꾸는 모든 것이 선전에 있다고 말한다. 하드웨어와 관련된 생태계가 완벽히 구축되어 있기 때문에, 일반적인 스타트업과 다르게 하드웨어 스타트업에 특화된 프로그램을 제공할 수 있다는 것이다. 선전 핵스의 GP General Partner 벤자민 조프 Benjamin Joffe를 만나 핵스와 제조 스타트업의 가능성에 대해 들었다. 조프는 아시아 여러 국가의 다양한 분야에서 활동한 컨설턴트이자 능력 있는 개발자로, 페이스북 기반 1인칭 슈팅 FPS 게임 우버 스트라이크 UberStrike를 만든 인물이다.

어떻게 선전 지역에 핵스를 세웠나?

이전까지 중국에는 액셀러레이터가 전무했고, 하드웨어 스타트업을 타깃으로 하는 액셀러레이터는 더욱이 없었다. 하드웨어 스타트업의 경우 일반 스타트업과는 비즈니스 부분에서 차이가 있고, 특별히 지원해야 할 사항이 많다. 우리는 하드웨어와 관련된 생태계가 완벽히 구축되어 있는 선전이 제조 스타트업들이 꿈꾸는 하드웨어에 대한 모든 것이 있는 지역이라는 점을 발견했다. 핵스가 지원하는 기업 대부분이 실리콘밸리 출신이다. 이들은 실리콘밸리에 있는 다른 액셀러레이터에 합격을 하고도 선전에 온다. 실리콘밸리에는 수많은 투자자와 미디어가 있지만, 선전에서처럼 하드웨어 스타트업이 실제로 제품을 제조, 생산할 수 있도록 도와주는 인프라가 없기 때문이다.

운영에 어려운 점은 없었나?

초기에 가장 어려웠던 문제는 제조 공장을 확보하는 것이었다. 초창기 선전 지역 제조 회사들이 스타트업 수요 수준에 맞지 않아 어려웠다. 당시 핵스의 인지도가 낮았기 때문에 발로 뛰는 수밖에 없었다. 현지 협력 업체를 방문해서 스타트업과 일해야 할 이유를 설명했다. 당장의 제품 생산량이 많지는 않지만 성장할 가능성이 높다는 점과, 위탁 스타트업이 다양해지면 협력 업체도 더 좋은 기술력을 쌓을 수 있다는 점을 요지로 설득에 많은 시간과 노력을 기울였다. 이처럼 모든 문제를 순차적으로 해결할 수 있는 방안을 마련하며 내부 역량을 키웠다. 이제는 어떤 스타트업이라도 핵스에 오면 시제품 제작부터 크라우드 펀딩, 유통과 홍보 등 하드웨어 비즈니스 운영에 필요한 모든 정보를 얻을 수 있다.

외국인에게는 선전에서 일하는 것 자체가 큰 도전일 수 있다. 외국인이 맞닥뜨릴 수 있는 문제는 없나?

전혀 없다. 주문 위탁을 받은 제조사들은 이미 수많은 고객과 일해 본 경험이 있다. 그들은 이곳에 기반을 둔 외국계 제조사들과 협업한 경험이 많고, 다양한 레벨의 고객을 만나 봤기 때문이다. 또 제조사들은 새로운 제품을 개발하면서 간접적으로 기술을 익힐 수 있어 오히려 해외 스타트업을 선호한다.

하드웨어 스타트업에게 선전 진출은 어떤 의미인가?

하드웨어 스타트업은 선전 지역으로 반드시 와야 한다. 빠르고 저렴하게 제품을 제작할 수 있는 인프라가 있고, 신속하게 비즈니스를 확장할 수 있는 장점이 있다. 더불어 물류와 유통 시스템이 갖추어져 있기 때문에 하드웨어 스타트업에게는 최적의 장소다. 제조 공장들도 하드웨어 스타트업과 협업하는 것에 긍정적인 반응을 보이고 있다.

핵스는 어떤 역할을 하고 있나?

우리는 선전에서 경험을 쌓으며 스타트업에게 어떻게 일할 것인가(How to do)와 어떻게 배울 것인가(How to learn)를 알려 주고 있다. 핵스에 참가한 기업들은 대다수가 중국을 잘 모른다. 하드웨어 스타트업임에도 공장과 일하는 방식은 더 모른다. 그래서 우리는 4개월 동안 이들이 3D 프린터로 시제품을 제작하는 것부터, 완제품을 공장에서 만드는 데 얼마나 많은 비용이 드는지를 알려 주고 제품 제작이 가능한 공급자를 연결해 준다. 크라우드 펀딩 등을 통해서는 어떻게 글로벌 시장에 제품을 소개하는지를 경험하게 한다. 4개월 동안 로컬 회사에서 글로벌 회사로 성장하는 법을 배우는 것이다.

'대륙의 실수'에서 '대륙의 실력'으로

선전은 제조업 도시를 넘어 디자인 도시라는 정체성을 덧입어 가고 있다. 이런 방향을 대외적으로 공표하는 행사가 매년 11월에 열리는 선전 국제 산업 디자인 전시회SZIDF다. 2017년 행사에는 35개 지역 기업과 기관이 참가했다. 국제 전시에서 흔히 만날 수 있는 대기업 전시관은 없었지만 친환경 설계 제품과 인공지능, 유전 공학, 드론, 로봇, 가상 현실 등 새로운 기술을 접목한 전시물이 많았고, 제품군의 상당수가 선전의 인프라와 결합된 것이었다. 선전 국제 산업 디자인 전시회는 매년 7000~8000여 종의 디자인 제품을 선보이는데, 2017년 행사를 찾은 방문객은 18만 명에 달했다.

이 행사를 주최하는 선전 산업 디자인 협회SIDA의 펑창훙封昌紅 부회장은 선전에 대해 "리커창 총리가 '상상 초월'이라고 평가할 정도로 창업 인프라가 풍부한 도시"라며 "탄탄한 제조업 인프라와 디자인 역량, 금융 체계가 조화를 이뤄 많은 메이커의 꿈을 이뤄 줄 것"이라고 했다. 이제 선전은 하드웨어와 디자인 분야에서도 실리콘밸리를 능가할 것이라는 게 그의 생각이다.

2017년 세계적인 권위의 디자인 공모전으로 꼽히는 독일 iF 디자인 어워드에서는 선전 소재 기업들이 142개의 상을 수상했다. 같은 해 수상한 중국 기업의 40퍼센트가 선전에서 나온 것이다. 중국 최초의 디자인 박물관인 디자인 소사이어티Design Society도 선전에서 문을 열었다. 디자인 소사이어티는 일본 유명 건축가 마키 후미히코槇文彦가 설계한 건물로, 서커우 지역의 해안에 위치해 있다. 올레 부만Ole Bouman 디자인 소사이어티 관장은 "디자인 소사이어티는 중국의 창조적 역량을 세계로 보여 줄 수 있는 공간"이라며 "선전과 중국의 디자인 역량을 확장하고, 각종 프로그램과 행사, 전시 등을 통해 디자인 사회로 나아가기 위한 토론과 탐색을 계속하겠다"고 밝히기도 했다.

선전에는 총 500개가 넘는 창업 지원 공간이 있고, 텐센트 사옥이 있는 난산에만 100여 개가 넘는 창업 기관이 모여 있다. 이들 중에는 디자인 부문을 강화한 산업 클러스터도 있다. F518 창의원創意園은 정부와 민간이 협력해 2007년 탄생한 산업 단지로, 지난 10년 동안 선전 문화 산업의 디딤돌 역할을 해왔다. 제조업에 비해 상대적으로 경쟁력이 떨어지는 선전 문화 산업의 글로벌 경쟁력을 도모하는 전진 기지다. 최근 한국에서 폐공장을 문화 시설로 활용하는 경우가 많아진 것처럼, F518 창의원은 90년대 들어선 가죽 공장 부지를 리모델링했다. 패션, 음악, 디자인, 영화, 애니메이션 등 콘텐츠 종사자들의 교류를 위한 네트워킹 스페이스를 비롯해 150여 개 기업의 사무 공간과 전시장, 공연장 등이 마련되어 있다.

2017년 기준 F518에 입주한 기업은 149곳이다. 디자인 기업이 30퍼센트로 가장 큰 비중을 차지하고, 스마트 하드웨어 기업이 22퍼센트, 인터넷 비즈니스 기업이 15퍼센트 정도를 차지한다. '예술과 디자인의 가치를 공유한다'는 모토를 지닌 F518은 중국의 창작자와 그들의 사업이 지속적으로 성장할 수 있도록 돕는 인큐베이터 역할을 맡고 있다. 창작자에게 저렴한 가격에 업무 공간을 대여하고, 이곳을 찾는 관계자와 지역 주민에게 이들의 문화 산업을 알리는 역할을 한다. 창작자들은 IT 산업과 문화 산업을 융합하는 실험을 하고 있다. 한 매니저는 "F518은 중국의 지식 재산IP 산업을 육성하는 공간"이라며 "F518 출신 기업이 성공한 사례가 많아지면서 입주를 원하는 기업만 100여 곳이 넘는다"고 했다.

중국의 디자인은 '대륙의 실수'에서 '대륙의 실력'으로 인정받고 있다. 중국의 디자인은 경제 성장 속도만큼이나 빠르게 변한다. 중국은 막강한 자본력을 바탕으로 유명한 브랜드를 인수 합병하거나, 디자인 분야의 세계 인재를 영입하면서 '메이드 인 차이나Made in China'의 그림자를 지운다. 이제 중국은 '크리에이티브 위드 차이나Creative with China'라는 슬로건을 내밀며 우수한 품질과 가격 경쟁력으로 세계 시장을 공략하고 있다. 샤오미도 한때는 애플의 산자이라 불렸다. 하지만 현재는 기능과 디자인 면에서 여타 기업에 뒤처지지 않는 품질을 인정받고 있다. 이들이 단순히 가격만 저렴한 제품을 만들었다면, 중국의 다른 저가 상품과 차별화되지 않았을 것이다. 샤오미는 자신들의 제품에 디자인이라는 강점을 입혔다. 내부를 분해해 보면 모조품에 불과할지라도 디자인으로 약점을 극복한 것이다.

오늘날 샤오미는 단순한 모조품을 넘어, 자체 인터페이스를 탑재하는 등 기술력 면에서도 프리미엄 시장에 뒤지지 않는 제품을 선보이고 있다. 스마트폰, 보조 배터리, 스마트 밴드, 체중계, 무선 공유기, 공기 청정기, 팬시 상품 등 제품군도 다양하다. 샤오미는 신제품을 출시할 때마다 예약 판매를 통해 고객 수요를 미리 예측해, 스마트 밴드와 같이 소비자의 니즈가 있는 제품은 더 많이 생산하고 관심이 적은 제품은 생산량을 줄인다. 메이커들의 최대 숙제인 재고 관리의 어려움이 없는 것이다. 이런 방식의 제품 생산은 자체 생산 라인을 가동하지 않고, 선전을 비롯한 중국의 제조업 인프라를 활용하고 있기에 가능한 부분이다.

2018년 1월에는 일본 라이프 스타일 브랜드 무인양품이 만든 무지 호텔MUJI HOTEL 1호점이 선전에 들어섰다. 호텔 객실은 무인양품에서 파는 가구와 소품들로 채워졌고, 별도의 매장에서는 무인양품이 선별한 도서와 의류 등의 상품을 구매할 수 있다. 무지 호텔 선전은 객실이 있다는 점을 빼면 무인양품의 브랜딩, 디자인, 마케팅을 두루 살필 수 있는 전시장과 다름없다. 지상에서는 의류와 소품 등을 판매하고, 지하에는 서점 무지 북스MUJI BOOKS를 운영한다. 카페 등의 휴식 공간에서는 친환경 먹거리를 제공하며 운동 시설과 레스토랑, 24시간 운영하는 도서관과 회의실도 겸비했다. 무인양품이 추구하는 라이프 스타일이 무엇인지를 완벽하게 구현한 공간인 셈이다. 일본의 디자인을 대표하는 회사가 이들의 라이프 스타일을 강조하기 위해 만든 호텔을 가장 먼저 중국 선전에 선보였다는 사실은 의미심장하다.

무지 호텔이 선전에 첫 매장을 오픈한 배경에는 선전이 적극적인 마케팅 없이도 꾸준히 손님을 모을 수 있는 곳이라는 사실도 영향을 미쳤을 것이다. 호텔 업계에서는 중국의 여러 도시 중에서도 선전과 상하이를 '손님이 알아서 찾아오는 지역'으로 꼽는다. 홍콩에 본사를 둔 호텔 체인 랭함The Langham의 선전 지점에서 일하는 주수환 지배인은 "하룻밤에 25만 원이 넘는 호텔도 공급이 부족한 상황"이라며 "상하이나 홍콩에서도 보기 힘든 글로벌 럭셔리 호텔이 향후 2년 안에 선전에 문을 열 계획"이라고 했다.

중국 정부는 다양한 디자인 육성 정책을 펼치며 중국 디자인에 힘을 실어 준다. 디자인 산업 단지를 조성해서 디자인 산업의 중요성을 강조하고, 지방 정부도 이에 호응하고 있다.

현재 중국은 각 성과 도시 성격에 맞는 산업 혁신을 진행 중인데, 여기서 빠지지 않는 것이 문화와 디자인이다. 이제 선전은 하드웨어라는 튼튼한 몸체 위에 문화와 디자인이라는 외피를 덧입는 형태로 변모하고 있다. 내외공을 겸비한 고수의 출두가 얼마 남지 않았다.

스마트폰으로 군밤을 사는 도시

최근 중국에서 자판기 열풍이 불고 있는 것은 재미있는 사례다. 즉석에서 과일을 갈아 주는 주스나 즉석 피자, 채소, 의류나 화장품 등 다양한 제품을 판매하는 이색 자판기가 들어서고 있다. 자판기 시장은 소비자들의 호기심을 유발하는 독특한 외형과 제품으로 무섭게 성장하는 중이다. 중국의 자판기 시장은 2010년 이후 매년 10퍼센트 이상 꾸준한 성장세를 나타내고 있다. 2014년 말 기준으로 자판기 판매액은 70억 6200만 위안(약 1조 1900억 원)으로, 2018년에는 100억 위안(약 1조 7000억 원)을 넘어설 것으로 예측된다.[13]

자판기 사업이 호황을 누리는 이유는 중국의 인건비가 높아지고 있기 때문이다. 중국 인력 시장의 임금이 지속적으로 상승하면서 인력을 대체할 수 있는 자판기 수요가 급증한 것이다. 한국에서는 잘 사용하지 않는 자판기가 중국에서는 트렌드로 불리는 게 의아할지도 모른다. 중국의 최신형 자판기는 현금이 없어도 모바일로 결제가 가능하다. 상품을 고를 때도 버튼을 누르는 방식이 아니라, 스마트폰 화면과 같이 터치스크린 화면에서 원하는 제품을 택하면 된다. 그러니 편리한 기술에 익숙한 젊은 세대의 수요가 높은 편이다. 자판기에 스마트 기술이 도입되고, 데이터로 판매 상황을 확인할 수 있기 때문에 자판기를 운영하는 사업자도 편하다. 직접 기계가 있는 곳을 찾아가지 않아도, 수익이나 재고를 관리할 수 있다. 적은 인력으로 많은 기기를 관리할 수 있으니 수익률도 높아졌다. 향후 건강을 챙기는 문화가 중국에 퍼질 것을 감안하면, 앞으로도 다양한 즉석 제품을 판매하려는 시도가 이어질 것으로 보인다.

선전의 영화관이나 쇼핑몰에서는 군밤을 파는 자판기를 발견할 수 있다. 홍츠弘馳 기업이 개발한 'X왕밤板栗'이라는 자판기다. 홍츠 기업의 톈싱인田興銀 대표는 시장 조사를 통해 중국의 알밤 시장이 300억 위안(약 5조 1000억 원) 규모라고 판단했는데, 그중 80퍼센트가 즉석 군밤에서 나온다고 봤다. 그리고 밤을 굽는 데 드는 인건비와 임대료가 비싸다는 점, 군밤은 주로 길가에서 팔기에 쇼핑몰이나 오피스 빌딩에서는 찾아볼 수 없다는 점에 주목해 자판기를 개발했다.

자판기 한 대는 약 40킬로그램의 밤을 저장할 수 있다. 한 번에 3~5킬로그램의 밤을 맥아당이나 꿀과 함께 볶아 저장하고 있다가, 소비자가 구매하면 보온 상태에 있던 밤이 종이컵에 담겨 나온다. 최근에 나온 자판기 중에는 현금을 아예 받지 않는 것도 많다. 훙츠 기업의 X왕밤도 모바일 결제만 지원하고 있다. 250그램 분량의 작은 컵이 9.8위안(약 1700원) 정도로 가격이 저렴하다. 놀라운 것은 2017년 말, 훙츠 기업이 X왕밤 자판기로 3000만 위안(약 51억 원)의 투자를 받았다는 사실이다.

훙츠 기업의 X왕밤 자판기 ⓒX板栗

중국의 전자 상거래 기업 징동의 물류 총괄 출신인 호우이侯毅가 2015년 창업한 신선 식품 서비스 허마셴성盒馬鮮生도 2017년 선전에 매장을 열었다. 상하이와 베이징 지점에 이은 세 번째 매장이다. 허마셴성은 오프라인 매장에서 냉장 식품을 배송하고, 3킬로미터 이내 지역에는 30분 안에 배송한다는 전략으로 주목받고 있다. 허마셴성은 알리바바 그룹에게 투자를 받으며 화려하게 시장에 등장한 플레이어다. 마윈 회장은 허마셴성을 중국의 신新유통 모델로 꼽고 있다. 허마셴성이 중점적으로 취급하는 것은 신선 제품이다. 다른 마트에 비해 해산물과 반조리 식품 등을 취급하는 공간이 넓다. 신선 제품은 일반 상품보다 더 신속하고 안전하게 전달해야 하기 때문에 물류 관리에 어려움이 따르지만, 허마셴성은 거의 모든 신선 제품을 취급하는 것을 목표로 삼고 있다.

허마셴성 매장은 판매 제품을 전시하는 공간이자 창고인 동시에 배달 센터다. 고객의 주문이 접수되면 매장의 직원은 제품을 빠르게 장바구니에 담아 물류 센터로 보낸다. 실제로 매장에 가면 고객의 수만큼 많은 직원이 주문을 처리하고 상품이 담긴 장바구니를 컨베이어 벨트에 올리고 있다. 소비자는 오프라인 매장도 이용 가능하지만, 모든 결제는 알리페이로 해야 한다. 신선 제품의 가격 변화가 전자 가격표에 바로 반영되기 때문에 온·오프라인의 판매 가격이 같다는 것이 장점이다. 허마셴성 앱을 통해서는 지금까지 구매한 제품의 만족도를 평가할 수 있다. 아직 매장 수가 많지는 않지만, 허마셴성은 1년 내 중국 안에 2000여 개 매장을 열 계획이다. 선전에는 벌써 4개 매장이 영업 중이다. 2017년 8월에 문을 연 첫 매장은 선전시 외곽에 있었지만, 이듬해 3월에 문을 연 매장은 중심부인 난산에, 5월에는 푸톈福田에 들어선 것으로 보아 시내로 발을 넓힐 것으로 보인다.

선전의 또 다른 변화상을 들여다보자. 선전 공항과 도심을 잇는 가장 빠른 방법은 택시를 이용하는 것이지만, 러시아워라면 지상보다 지하가 더 빠르다. 2016년 개통한 지하철 11호선은 선전 공항과 도심을 30분 만에 잇는 공항 철도의 역할을 한다. 11호선의 독특한 점은 고속 열차나 항공기에만 있는 비즈니스 칸이 따로 있다는 사실이다.

선전 지하철 11호선의 비즈니스 칸 내부

비즈니스 칸은 지하철 8량 가운데 2량으로, 내부에는 2인용 좌석이 양쪽에 설치돼 있고 좌석 아래에는 여행 가방을 넣을 수 있는 공간이 있다. 비즈니스 칸 이용자는 많지 않기 때문에 비교적 편하게 움직일 수 있다는 장점이 있다. 현지 시민에 따르면 출퇴근 시간에도 비즈니스 칸의 대기석은 여유로운 편이라고 한다. 핀테크를 선도하는 나라답게 탑승 절차도 간편하다. 위챗의 미니 앱인 샤오청쉬小程序를 통해 이동 거리에 따라 차등 요금을 지불하고, 개찰구 부근에 설치된 전용 기기에서 QR 코드를 스캔한 뒤, 토큰을 받아 개찰구에 가져다 대면 탑승 절차가 끝난다.

공유 경제의 테스트 베드

중국 출장 동안 현금으로 결제한 기억이 없다. 대기 줄이 없을 경우 공항에 서 있는 택시를 타지만, 줄이 길면 차량 공유 서비스 디디추싱滴滴出行을 부른다. 디디추싱은 알리페이, 위챗페이 등의 핀테크 서비스를 이용해 요금을 결제한다. 택시를 타서 현금으로 결제를 했던 때가 언제인지 까마득한 옛날처럼 느껴질 정도다. 디디추싱뿐만 아니라 일반 택시를 타도 기사에게 이체를 하겠다고 말하면 자신의 QR 코드를 보여 준다. 교통 체증이 심한 베이징, 상하이, 광저우, 선전 등의 대도시에서는 가까운 거리를 모바이크Mobike나 오포ofo 등의 공유 자전거 서비스를 이용해 가는 경우가 많다.

최근에는 보조 배터리 공유 자판기까지 생겼다. 테러 예방을 위해 보조 배터리 휴대를 엄격하게 제한하는 중국이지만, 식당가나 쇼핑몰에 비치된 자판기에서 손쉽게 빌릴 수 있으니 걱정할 필요가 없다. 물론 이런 제품을 빌리는 데도 현금 대신 모바일 결제 서비스를 이용한다. 식당에서도 위챗으로 QR 코드를 스캔하면 음식 주문부터 결제까지 원스톱으로 진행된다. 무현금 사회가 다양한 분야에서 실현되고 있다.

노점에도 있는 모바일 결제용 QR 코드

중국의 모바일 결제 시장은 스마트폰이 보급되기 시작한 2012년부터 성장해 지금은 세계에서 가장 큰 규모가 됐다. 2015년 10조 위안(약 1694조 7000억 원)이었던 시장이 2016

년에는 38조 위안(약 6440조 원)을 넘었다. 1년 사이에 모바일 결제 시장 규모가 세 배 이상 성장한 것이다. 미국 시장의 50배에 달하는 규모다. 미국의 시장 조사 기관 포레스터 리서치 Forrester Research에 따르면, 같은 기간 미국의 모바일 결제 규모는 1120억 달러(약 121조 원)였다. 중국이 핀테크 강국으로 거듭난 것은 자연스러운 흐름이었다. 중국은 신용 카드 시장이 한국과 달리 초기 단계에서 발전을 멈췄다. 발급 기준이 높고, 불법 복제가 빈번하게 일어난다는 이유로 사용률이 낮았다. 이런 여건 때문에 스마트폰과 함께 등장한 모바일 결제 시스템이 빠르게 안착할 수 있었다.

최근에는 공유 경제 모델을 앞세운 유망 기업이 속속 등장하고 있다. 공유 경제는 아파트, 책, 장난감 등 부동산이나 물건을 다른 사람들과 공유함으로써 유휴 자원의 활용을 극대화하는 활동을 의미한다. 중국에서는 '가족을 빼고는 다 공유할 수 있다'는 말이 나올 정도로 공유 영역이 다양해지고 있다. 자동차를 시작으로 자전거와 배터리가 뜨거운 관심을 받으며 서비스 중이고, 농구공이나 우산을 공유하는 서비스도 등장했다. 사용법은 간단하다. 모바일 결제 앱을 켜서 바코드를 스캔하고 동의 버튼만 누르면 된다. 알리바바의 투자를 받은 스타트업들의 서비스는 알리페이와 연동되어 할인 혜택을 받을 수 있다. 알리페이의 신용 평가 시스템 즈마芝麻

신용에서 600점 이상의 점수를 보유하고 있는 사람이면 보증금을 면제받는 식이다.

공유 경제의 싹은 미국에서 텄지만 꽃은 중국에서 피어나고 있는 형국이다. 중국 공유 시장의 소비층은 1980년~1999년 사이에 태어난 바링허우80後와 주링허우90後, 즉 밀레니얼 세대다. 이들은 과거에 비해 차량이나 전자 제품 등 비싼 재화를 구매하려는 성향이 덜하다. 이들에게는 한 시간에 1위안(약 170원)을 내고 공유 자전거를 이용하는 것이 자전거를 구입하는 일보다 합리적인 소비다. 최근에는 이들 세대뿐만 아니라 중산층도 공유 서비스를 선호하는 추세다. 나날이 치솟는 부동산 가격, 두 자녀 정책 등으로 인해 부양가족이 늘면서 경제적 부담이 높아진 점이 중요한 이유로 꼽힌다.

공유 경제가 미국이나 유럽보다 중국에서 더 빨리 정착된 또 다른 이유로는 사회주의 정치 체제를 꼽을 수 있다. 개혁개방 이후 시장 경제를 도입했지만, 중국인은 여전히 사회주의 체제의 공유 문화에 익숙하다. 그러다 보니 공유 서비스에 대해 느끼는 이질감도 다른 국가에 비해 훨씬 적다. 여기에 절약이 몸에 밴 중국인의 소비 습관, 서비스 이용을 편리하게 만드는 IT 기술이 더해진 결과가 오늘의 중국 공유 경제시장이다. 중국 정부는 사회 자원의 효율성을 높이고, 국민의생활을 편리하게 하는 공유 경제 발전을 적극 지원하고 있다.

공유 경제 비즈니스는 중국인들의 소비 패턴과 생활 습관을 바꾸고 있으며, 경제 성장이 둔화된 중국에 새로운 성장 엔진 역할을 하고 있다.

선전은 모바일 결제와 공유 경제 서비스 등 새로운 산업이 단기간에 자리를 잡고 성장할 수 있는 도시다. 대표적인 사례가 공유 자전거다. 오늘날 중국 공유 자전거 시장의 쌍두마차인 모바이크와 오포는 2016년 서비스를 시작해 1년이 되기도 전에 선전 교통수단의 20퍼센트를 점유했다. 선전의 평균 연령은 33세로 다른 도시보다 상당히 젊은 편이다. 덕분에 새로운 서비스에 대한 반감이 적고 적응 속도도 빠르다. 전체 인구에서 외지인이 차지하는 비율도 70퍼센트 가까이 된다.

선전에 새로 생긴 로봇 음료 자판기

선전에 적응을 하는 것은 새로운 기술에 적응하는 것과 같은 일이다. 중국 정부도 새로운 서비스가 생겨날 때면 선전에서 시범을 보인다. 2016년 선전 국제공항에서는 중국 최초로 자동 출입국 서비스가 시행됐다. 여권을 스캔하고 지문을 인식하면 출입국 심사대를 통과할 수 있는데, 평균 소요 시간이 45초밖에 되지 않는다.[14] 2017년에는 자율 주행 버스가 중국에선 처음으로 선전 시내를 시범 운행했다.[15] 2018년 5월부터는 위챗 QR 코드로 지하철 탑승이 가능해 이미 많은 사람이 교통 카드 대신 QR 코드를 이용해 지하철을 탄다. 선전은 새로운 정책과 서비스의 검증 무대인 셈이다.

청커들이 모인다

20대에 사장이 되지 못하면 대장부가 아니다

혁신의 기반이 되는 창업 문화를 이야기할 때 선전을 빼놓을 수 없다. 선전에서는 한 해에만 80만 개의 스타트업이 쏟아져 나온다. 선전의 기업 수(개인 사업자 포함)는 인구 1000명당 약 74개로, 베이징을 넘어 중국 전체 1위다. 창업자는 인구 9명당 1명꼴로 중국 대도시 중에서 창업자 비율이 가장 높다. 선전에서 펼쳐지는 창업가들의 이야기를 그린 중국 영화 〈송지효의 심천연가708090之深圳戀歌〉에는 이런 장면이 나온다.

"기업에 꿈이 있듯, 사람 역시 꿈이 있기 마련입니다. 여러분의 꿈은 뭔가요?"

"촹예(创业, 창업이요)!"

패션 사업을 열망하는 대학생 리메이촹李美晴은 성공한 사업가의 질문에 당당히 창업이라고 답한다. 정부의 홍보 영상에나 나올 법한 클리셰지만, 현실과 아주 동떨어진 것은 아니다. 중국 정부는 적극적이고 체계적으로 창업과 관련된 지원책을 내놓고 있다. 투자 자금은 넉넉히 하고, 시장성이 보이는 기업에는 빠른 시일 내 성장할 수 있도록 투자금을 집중한다. 스타트업 직원들을 위해 주택도 지원한다. 부동산 가격이 높은 선전 지역에서 일할 수 있도록 시 또는 구에서 거주 지원 정책을 마련하고 있다. 2년 전에는 무명 기업이었던 모바이크와 오포가 선전에서 유니콘 기업을 넘어 글로벌 공유 경제 기업으로 성장할 수 있었던 배경에는 정부의 적극적인 지원이 있다.

선전 정부는 혁신의 기반이 되는 연구 개발 분야에도 활발하게 투자한다. 2017년 선전은 중요한 기술적 인프라를 구축했다. 노벨상 수상자 실험실 3개, 기초 연구 기관 3개, 제조업 혁신 센터 5개, 해외 혁신 센터 7개를 마련했다. 신형 연구 개발 기관 11개와 혁신 매개 기업 195개를 신설했다. 선전은 사회 연구 개발 분야에 900억 위안을 넘게 투입했는데 이는 2017년 선전 GDP의 4.13퍼센트에 해당한다.[16]

정책에 발맞춰 사회생활을 준비하는 20대 초반 젊은이들의 인식도 변하고 있다. 중국 청년의 상당수가 스타트업에 뛰어들고 있다. 2017년 기준으로 중국 대학생 중 40퍼센트가 창업을 고려한다는 통계가 있다. '20대에 사장이 못 되면 대장부가 아니'라는 당찬 표현이 공공연히 회자될 정도로 중국의 창업 열풍은 거세다. 1선 도시를 비롯해 2선, 3선 도시만 가도 정부와 민간의 공조로 조성된 창업 클러스터가 눈에 띈다. 중국 정부 기조에 따라 대규모 클러스터와 수많은 창업 기관이 등장했다.

가장 주목받고 있는 곳이 유플러스YOU+ 청년 창업 단지 (이하 유플러스)다. 유플러스는 중국 1선, 2선 도시에 창업을 위해 이주한 청년층을 대상으로 한 코워킹, 코리빙co-living 특화 공간이자 동명의 스타트업이다. 주거, 사무, 레저, 엔터테인먼트 요소를 창업과 연계시켰다. 한국 상황과 비교하면 부산이나 경기도 판교 등에 건립 예정인 청년 창업 지원 주택과 일정 부분 유사하다.

유플러스는 창업과 관련된 도시에서 어렵지 않게 찾아볼 수 있다. 2012년 6월 광저우 1호점을 시작으로 선전, 항저우, 상하이, 청두, 푸저우, 베이징 등 8개 도시에서 21개 지점이 영업 중이다. 난징과 다롄에도 새 지점을 오픈하며, 올해 안에 30호점을 내는 것이 목표라고 한다. 유플러스의 독특한 규칙이라면, 45세 미만인 사람만 입주할 수 있다는 것이다.

이용료는 지역과 옵션에 따라 다르지만 유플러스 1인실이 평균 월 1630위안(약 28만 원)에서 2500위안(약 42만 원) 사이다. 최근에 오픈한 선전 지점에는 5000위안(약 85만원)짜리 고급형 모델도 있다. 중국 청년층이 감당하기에 녹록지 않은 임대료임에도 대기자가 넘쳐난다. 이유는 여느 공간에서 볼 수 없는 디자인과 효용성 때문이다. 업무를 방해하지 않으면서도 입주 기업들이 친목을 도모하고 협력할 수 있는 공용 공간을 갖추고 있으며, 기존의 창업자와 투자자, 액셀러레이터와 협업해 만드는 교육 프로그램을 수시로 운영한다. 출입은 전용 앱을 통해 가능하며, 명절이나 연휴에는 젊은 취향에 걸맞은 파티도 열린다. 한국에서도 스타트업을 중심으로 코워킹 문화가 발전하고 있는 것과 비슷한 흐름이다.

유플러스는 샤오미 레이쥔雷軍 대표가 설립한 슌웨이펀드順爲資本가 투자한 기업이기도 하다. 유플러스 리우양劉洋 대표의 5분 사업 설명을 들은 레이쥔이 그 자리에서 투자 결정을 했다는 일화는 유명하다. 엄밀히 말하면 샤오미가 직접적인 투자를 한 적이 없지만 샤오미 아파트라는 별칭이 붙은 이유다. 리우양 유플러스 대표는 이 공간을 다음과 같이 규정한다.

"유플러스에는 다양한 경험이 있는 다양한 연령대의 사람이 있다. 80년대생이 90년대생을 돕고, 70년대생이 80년대생을 돕는다. 선배 세대의 경험 자산과 지식, 사회자원으로 후배 세대를 돕는 것이 우리의 역할이다."

유플러스도 초기에는 느슨한 관리와 시설 미비 등을 이유로 언론의 질타를 받았다. 하지만 리우양은 이런 과정도 성장통이라고 말하며 유플러스의 효용성을 강조한다.

중국 정부가 창업을 지원하고 있지만, 민간 영역의 화답이 없었으면 현재와 같은 열기는 없었을 것이다. 중국 대표 IT 기업인 알리바바, 텐센트, 바이두, 샤오미 등은 스타트업 생태계 조성을 위한 적극적 투자로 중국의 창업 붐에 일조하고 있다. 대기업으로 성장한 ICT 기업들이 차세대 성장 동력을 발굴하기 위해 유망 스타트업에 적극 재투자하는 선순환 창업 문화가 조성되고 있는 것이다. 난산 소프트웨어 산업 단지에 있는 텐센트의 인큐베이팅 센터 중창眾創 공간은 3년 안에 1억 위안 가치를 지닌 하드웨어 스타트업 100개를 육성한다는 목표를 가지고 후발 주자 스타트업을 지원하고 있다.

창업 생태계를 만드는 텐센트

아시아 최대 IT 기업이라 불리는 텐센트는 2011년부터 스타트업 지원 정책인 오픈 플랫폼을 열었다. 이런 정책의 일환으로 중국 25개 도시에 인큐베이팅 공간을 만들었다. 텐센트가 태어난 도시 선전에 있는 중창 공간은 약 1200명을 수용할 수 있는 기업 인큐베이팅 시설이다. 회의실, 사무실, 휴식 공간, 전시실, 소프트웨어 테스트 공간 등이 마련되어 있다. 텐센트의 스타트업 지원 프로그램 안에서 도움을 받고 있는 스타트업은 500만 개에 달한다. 텐센트는 자체 역량을 개방해 파트너와 스타트업을 돕고 있고, 이런 철학을 더 확산시킬 계획이다. 많은 기업이 자신이 가진 역량을 나누고, 이를 통해 또 다른 기업이 성장할 수 있어야 한다는 것이 텐센트의 생각이다. 중창 공간에서 대외 협력 업무를 맡고 있는 위민余敏 매니저를 만났다.

텐센트 중창 공간의 역할은 무엇인가?

텐센트는 2011년부터 오픈 플랫폼을 기반으로 스타트업 인큐베이터를 자처하고 있다. 베이징, 상하이, 선전 등을 포함한 25개 도시에 인큐베이팅 공간을 설립해 직간접적으로 운영에 참여한다. 텐센트 중창 공간의 주요 업무는 스타트업 관리 지원, 교육, 멘토와의 교류, 투자 연계, 창업가들 간의 네트워킹이다. 이밖에도 기업 설립, 법률 자문, 세무 자문 등의 행정 업무를 지원하며 시장성이 높다고 자체 판단한 기업, 개인에게는 직접 투자를 집행한다.

2011년 텐센트 오픈 플랫폼이 시작된 이후 현재까지 과정을 소개해 달라.

2017년 10월까지 31개의 텐센트 중창 공간이 문을 열었다. 텐센트 중창 공간은 베이징을 제외하고 소재하는 도시가 가지고 있는 산업 특성, 도시의 강점에 맞게 육성하고자 하는 스타트업의 키워드를 선정한다. 베이징은 분야에 구애받지 않고 스타트업을 육성하지만, 항저우는 E-커머스, 시안은 여행, 난징은 교육, 청두는 게임이 키워드다. 하얼빈은 로봇, 푸저우는 가상 현실VR, 샤먼은 클라우드 컴퓨팅을 키워드로 해당 분야 스타트업을 찾아 육성한다. 선전의 경우 기본적으로 스마트 디바이스 위주의 스타트업 육성을 목적으로 하지만, 최근에는 콘텐츠 관련 스타트업 유치도 병행하고 있다.

어떤 방식으로 스타트업 창업을 지원하나?

우리는 창업에 필요한 지원 과정을 모두 모아 독자적인 생태계를 만들고 있다. 스타트업의 발전 단계별로 필요한 마케팅, 지식 재산권 보호, 법률 상담 등 맞춤형 서비스를 지원하고 있다. 방송사와 연계해 서바이벌 창업 프로그램도 진행하고 있다. 텐센트 오픈 플랫폼에는 벤처 캐피털 플랫폼도 별도로 있다. 벤처 캐피털 플랫폼의 목표는 100억 위안을 100개 기업에 투자하는 것이다. 벤처 캐피털 플랫폼에는 텐센트 자본도 많이 들어가지만, 소프트뱅크나 DT캐피털 등 외부 기업도 참여하고 있다.

스타트업을 위한 멘토링도 진행한다.

텐센트 오픈 플랫폼에 이름을 올리고 있는 멘토는 텐센트 임직원을 비롯해 글로벌 인사들로 구성되어 있다. 교육 기관과 함께하는 심화 교육 과정도 있다. 텐센트와 창장상학원CKGSB,

칭화淸華대학교가 공동으로 운영하는 최고경영자과정EMBA을 통해 2017년 10월 기준 90여 명의 졸업생을 배출했고, 이들 중에 여섯 명이 유니콘 기업 대표가 됐다. 최고경영자과정을 이수하는 이들의 평균 연령은 34세다. 창업자도 있지만 기업에서 일하는 경우도 있다. 입학 이후 개인의 몸값이나 운영하는 기업 가치가 크게 올랐다.

당과 함께 창업을

2015년 중국의 연례 최대 정치 행사인 양회(전국인민정치협상회의, 전국인민대표대회)에서 리커창 총리가 재차 언급한 대중창업, 만민혁신은 중국 창업 열풍의 변곡점이었다. 리커창 총리의 발언은 창업을 통한 혁신이 향후 중국의 성장 동력임을 강조한 것으로, 텐센트와 알리바바, 바이두를 잇는 차세대 기업이 나와야 경제 부흥이 가능하다는 의미다. 더불어 중국 경제가 고도 성장기를 마치고 중국판 뉴노멀 시대를 뜻하는 신창타이新常態에 들어섰다는 사실을 뜻하는 말이기도 했다. 신창타이는 중국 경제의 '새로운 상태'라는 의미인데, 2014년 시진핑習近平 주석이 중국 경제가 개혁개방 이후 30년간의 고도성장을 끝내고 새로운 상태로 이행하고 있다는 것을 밝히면서 처음 등장한 용어다.

중국은 취업난 해소와 경제 활성화를 위해 대중 창업 시대에 들어가야 한다고 말한다. 창업이 경제 성장의 핵심 전략인 것이다. 중고속 성장, 구조 변화, 성장 동력 전환, 불확실성 증대라는 4대 과제를 해결하기 위해 중국 정부는 창업과 관련된 다양한 지원책을 내놓고 있다. 400억 위안(약 6조 7800억 원) 규모의 국가 신흥산업 창업투자 인도기금을 조성하고, 창업 등기 비용 철폐, 창업 행정 절차의 지방 이전 등 창업 등록 절차를 간소화했다.

선전시는 창업 진입 장벽 완화, 기술 개발, 홍콩 자원 연계, 우수 인재 유치 등을 통해 창업을 지원한다. 경제특구 지정 초기에는 기업 매출에 15퍼센트 세금을 매겼다. 다른 지역의 25퍼센트에 비하면 파격적인 혜택이다. 2013년에는 중국 지방 정부 최초로 사업자 등록 제도를 개편했다. 최저 납입 자본금을 없애고, 선등록 허가제로 제도를 바꿨다. 기업 등록 절차를 간소화하는 삼증합일三證合一을 처음으로 적용한 지역도 선전이다. 삼증합일이란 영업 면허증, 조직 및 기관 코드 등록증, 세무 등기증을 하나로 통합하는 것을 말한다. 선전시는 2009년부터 IT, 바이오, 신소재, 문화 창의, 에너지, 환경 보호 등을 7대 전략 사업으로 정하고 분야별로 연간 5억 위안을 지원했고, 2014년부터는 바이오 헬스, 해양, 항공 우주, 로봇, 스마트 기기 등을 5대 미래 산업으로 지정해 추가로 연간 15억 위안의 재정을 투입하고 있다.

선전 창업 광장의 '당과 함께 창업을' 표어

2017년 9월 선전 창업 광장에 '당과 함께 창업을跟黨一起創業'이라는 표어가 담긴 조형물과 대자보가 등장했다. 선전 공산당위원회(이하 당위원회)가 내건 이 표어는 대중창업, 만민혁신이라는 국가 정책에 대한 선전 당위원회의 화답이었다. 당위원회는 선전의 국가 주도 인큐베이팅 정책을 펼치고 있는 주체다. 창업 광장 주변에는 19개 동의 사무용 빌딩을 세웠고, 광장 내에서 관리 업무를 맡고 있는 당원만 1000명이 넘는다. 중국 공산당은 창업가와 공산당을 동일 선상에 놓고 비교한다. 1921년 중국 공산당의 창당을 창업 단계라 명명하고, 중국이 세계 2위의 경제 대국으로 성장한 것처럼 지금의 창업가들에게도 가능성이 열려 있다고 설명한다. 중국의 부상과 기업가 정신을 연결하기도 한다. 당에 대한 충성과 진취적 정신, 확고한 의지가 창업가 정신과 일맥상통한다는 것이다.

이에 대해 선전 당위원회 서기이자 창업광장 당위원회 서기인 치우원邱文은 "선전만 창업 광장의 발전은 혁신과 창업 정신의 구체적 발현이며, 당과 함께 창업하면 성공의 가능성이 크다"고 말했다. 당위원회가 추구하는 혁신 관리 모델은 창업가와 당이 서로가 서로를 포함하는 생태계를 구축하는 것이다. 그래서 광장 내 주요 기업 책임자는 당위원회 위원을 겸하고 있다. 대표적으로 당위원회 위원 왕쥔王君은 광장 내의 유명 인큐베이팅 센터인 레전드 스타의 스타긱STARGEEK 액셀러레이터 운영 총괄이다. 왕쥔이 이끌고 있는 인큐베이팅 프로그램을 통해 이미 91개의 창업 팀이 배출됐다. 이들 중 30퍼센트를 넘는 기업이 중국 기준 시리즈A[17] 이상의 투자를 유치했고, 이들 기업의 총 기업 가치는 38억 위안(약 6440억 원)을 상회한다.

국가 주도의 창업 정책은 비단 선전에서만 일어나는 현상은 아니다. 혁신 도시로 지정된 대다수 중국 지역에서 보편화된 일이다. 기업가 정신으로 무장한 창업가와 공산당의 지원 정책은 적어도 중국 안에서는 시너지가 크다. 공산당은 창업가의 입주 비용을 보조해서 초기의 리스크를 관리하고, 복잡한 행정 절차는 직접 찾아가 해결해 준다. 창업가가 사업에만 매진하도록 절차를 간소화하는 것이다. 선전 정부는 정부의 권한이 큰 중국만의 창업 정책에 긍정적인 면이 더 크다고 설명한다. 문제에 당면했을 때 돌아갈 필요 없이 정부가 직접 도울 수 있기 때문이다.

시장의 논리, 소비자의 선택을 따르라

선전시 바오안寶安구에서 스타트업 실무를 담당하는 인지아린股家林 과장과 중국 정부가 시행하는 국가 주도의 창업 지원 정책에 대해 이야기를 나눴다. 그는 선전 창업 지원 정책의 기본 골격에 대해 "민간이 전반을 주도하되, 정부의 역할은 환경을 만드는 것"이라고 설명했다. 그의 말대로 선전은 창업 환경을 구축하는 방식에 있어 민간에 힘을 싣는 형태를 선호한다. 바오안구의 경우 따공팡과 같은 액셀러레이터와 코워킹 스페이스를 지원하고 있다.

기업과 산업을 보는 인사이트를 어디서 얻나?

민간 기관과 교류하며 최근의 동향에 대한 정보를 끊임없이 배운다. 실제 시장의 정보를 듣는 것이다. 우리와 같이 IT, 창업을 지원하는 부서는 그런 과정이 더 많이 필요하다. 민간에 필요한 실질적 지원과 정책을 만들기 위해서는 반드시 거쳐야 하는 과정이다.

선전시 정부나 바오안구에서 바라는 바람직한 기업의 미래는 무엇인가?

정부가 선호하는 형태나 입장은 없다. 스타트업이 성장해 나가서 큰 기업이 되는 것도 좋고, 대기업과 인수 합병을 하는 것도 좋다. 그건 시장 논리에 따르면 된다. 기업을 키우거나 넘기는 것은 창업자의 결정이다. 개인적으로는 바오안구에 있는 회사가 텐센트와 같은 큰 기업이 되길 바란다. 하지만 그것을 강조하거나 강요한 적은 없다.

중국은 네거티브 규제[18]를 통해 비즈니스가 커나갈 때까지 관망하다 일정 수준으로 커지면 규제를 한다. 어떻게 이런 방식이 가능한가?

개혁개방 이후 30년간 중국인의 머릿속에 자리 잡은 정신이 덩샤오핑의 흑묘백묘론이다. 검은 고양이든 흰 고양이든 쥐만 잘 잡으면 된다는 것이다. 실리를 추구하는 정신으로부터 사회에 도움이 되는 파괴적 혁신이 일어났다. 그런 혁신이 없었다면 지금의 선전은 없었다. 공유 경제 서비스가 중국에서 빠르게 성장한 이유는 국민 정서, 문화와 부합되는 부분이 있었기 때문이다.

중국 정부는 재량으로 파괴적 혁신을 허용한다. 사실 공유 경제 서비스의 상당수가 법에 저촉되는 것 아니었나?

파괴적 혁신이 국가의 기초를 위협한다면 막아야 하는 것이 맞다. 하지만 그것이 아니면 무작정 막을 수 없다. 새로운 서비스라도 담당 기관이나 부서에서 감당할 수 있거나 공무원이 인식을 바꾸면 되는 부분은 허용해야 한다고 판단한다. 공유 자전거는 규모가 커지며 공공의 편의와 도시 미관을 해치는 경우가 발생했다. 그래서 관련 부서가 문제 해결에 드는 비용을 감당하고 양보하는 형태로 처리를 했다. 금지를 시킨 것이 아니라 정부 비용을 들여 무분별하게 세워 놓는 자전거를 정리하고 정차 지역을 명확히 지정하는 한편 공공 비용을 투입해 인력을 고용해 관리하게 했다. 정부가 양보해서 국가와 사회에 도움이 된다면 양보하는 것이다.

혁신 기업은 기존의 판을 흔드는 경우가 많다. 기존 이익 집단의 반발이 있을 수 있다.

중국의 산업이 빠른 속도로 성장하는 과정에서 늘 있었던 일이다. 개인이든 기업이든 뒤처진다면 사라지는 것이 당연하다. 혁신 기업으로 인해 기로에 선 기존 산업과 기업의 입장을 이해 못하는 것은 아니나, 그들의 편에 서서 혁신 기업을 규제하지는 않는다. 중국 정부는 미래 국가에 도움이 되는 건강한 방향으로의 혁신이라면 권장하는 편이다. 기업은 시대에 적응해 나가야 한다. 시대의 적응은 온전히 기업의 몫이지 정부가 관여할 부분은 아니다. 혁신은 언제나 일어나고, 이것이 국가와 국민에 도움이 되는 방향이라면 그 흐름에 따르는 것이 맞다. 그렇다고 혁신 기업이라 불리는 이들만 편을 드는 것도 아니다. 시장 논리, 소비자의 선택에 맡겨야 한다.

선전의 한국인을 만나다

선전은 다른 도시보다 평균 연령이 젊은 이민 도시다. 그만큼 외부인에 대한 견제가 적고, 기회를 얻기도 어렵지 않다. 선전의 한국인들은 내일의 중국을 보기 위해 선전에서 그 변화상을 체감하며 자신의 경쟁력을 키워 가고 있다. 텐센트의 이현주 수석 UX 디자이너, 비야디의 최문용 중앙연구소 기술

이사와 진행한 인터뷰를 재구성했다(최문용 이사는 현재 네이버랩스 선전 지사의 총경리로 일하고 있다).

> 한국에서는 여전히 중국을 낮추보는 경향이 있다. 중국에서 시간을 보낸 경험자로서 중국을 어떻게 보나?

이현주: 중국 시장은 독특하다. 자본주의 방식으로 모두 시장 흐름에 맡기는 것 같으면서도, 어느 순간 국가가 개입하는 국가 자본주의 형태가 나타난다. 이런 특징이 외국 기업의 활동에 영향을 미쳐 중국 기업이 성장하는 근거가 된다. 하지만 기술적으로만 보면 E-커머스와 O2OOnline to Offline 비즈니스에서는 중국이 한국보다 한참 앞서 있다. 한국에서 E-커머스를 이용하려면 공인인증서나 액티브 엑스와 같은 장벽을 넘어야 한다. 중국은 이런 난관이 없다. 핀테크는 말할 것도 없고 이미 상당 부분 중국이 기술적으로 우위에 있다.

최문용: 중국이 무서운 것은 다듬어지지 않은 원석임에도 여기까지 왔다는 것이다. 노동자들의 레벨도 높아지는 추세다. 무엇이든 배워서 스펀지처럼 흡수하는 게 보인다. 비야디의 인재들도 파트너사와 일하면서 각 기업의 스타일을 배우고 습득한다. 중견 기업 쪽에서 내놓은 제품의 퀄리티도 그렇게

나쁘지 않다. 경험을 쌓으며 프로가 되고 있다. 중국 IT 업계의 이직률이 높은 편인데, 인재가 희석이 되면서 레벨업이 되는 양상이기도 하다. 13억 인구가 한국 수준으로 성장한다면 큰 변화가 있을 것이다.

텐센트가 일하는 방식은 어떤지 궁금하다.

이현주: 텐센트는 최적의 효과를 내기 위해 부서 간 경쟁을 불사한다. 위챗이 좋은 예다. 지금은 텐센트의 대표 서비스지만, 론칭 당시에는 위챗과 유사한 서비스 두 개를 함께 출시했다. 소비자의 반응과 데이터를 확인한 후에 남길 프로덕트를 결정한 것이다. 미국이나 한국 기업 관점에서는 시간과 자원 낭비로 비칠 수 있다. 하지만 텐센트는 최적의 효과를 이끌어내기 위해 비효율도 감당하며 부서 간의 경쟁을 유도한다. 그리고 실패가 용인되는 문화가 있다.

알리바바와 텐센트라는 중국 IT 기업의 양대 산맥을 모두 경험했다. 두 회사를 아우르는 중국 IT 기업의 특징이 있다면.

이현주: 치열한 경쟁과 성과주의가 당연시되는 곳이 중국 IT

기업이다. 대신 핵심평가지표KPI와 자기개발계획IDP 등의 지표를 통해 자신의 업무 목표와 양을 스스로 정할 수 있는 자유가 주어진다. 스스로 설정한 목표를 지표로 평가받는 것이다. 일하는 데 있어 여러 복지가 제공되기에 직원들이 회사 내에서 시간을 많이 보내는 편이다. 일견 자유로워 보이기는 하지만 그 이면에는 치열한 경쟁이 있다. 남들보다 더 업무 성과를 내야 승진도 빠르고 월급도 오르기 때문이다.

알리바바와 텐센트를 비교한다면.

이현주: 두 회사는 모두 춘제를 앞두고 연회라는 대규모 연말 파티를 연다. 이 연회가 매우 중요하다. 텐센트는 사업부별로 한두 달 동안 연회 공연을 연습한다. 중요한 미팅이 있어도 연회 연습으로 빠질 때는 인정이 된다. 기본적으로 팀워크를 매우 중시하는 문화가 자리 잡고 있다. 연회에서는 두 기업의 회장도 망가지는 것을 두려워하지 않는다. 화합을 도모하는 과정이라 여기기 때문이다. 두 사람의 성향은 조금 다르다. 마화텅이 내향적이고 따뜻한 리더라면, 마윈은 카리스마 있고 외향적인 성격의 리더다. 기업 문화에 중요한 역할을 하는 인사 관리HR에도 차이가 있다. 알리바바는 업무 효율성과 실행력 등을 강조한다면, 텐센트는 직원들의 애로 사항을 해결하

는 서포터 역할이다. 얼마나 직원을 만족시켰느냐가 인사 관리 담당 직원의 업무 지표가 된다.

최문용 이사는 비야디와 어떻게 인연이 닿았나?

최문용: 모토로라에 다닐 때 비야디와 협업을 했다. 신기술이 적용된 안테나를 생산하는 프로젝트였는데, 두 회사가 처음 하는 시도였는데도 성공적으로 출시가 됐다. 당시에 비야디 연구소 소장과 친분을 쌓았다. 모토로라 코리아가 문을 닫는다는 소식을 듣고 그가 직접 스카우트 제의를 하러 왔더라. 내 능력을 인정해 주는 곳에 가서 일을 하는 게 의미가 있다고 생각했다. 한국의 대기업, 미국에 있었다면 이전 직장에서와 마찬가지로 조직에 묻혀 갔을 거다.

리더로서 팀 문화에 기여했던 사례가 있다면.

최문용: 회사가 나에게 바랐던 역할 중에 하나가 연구소 내 중국인 엔지니어들의 능력을 높이는 것이었다. 그래서 비야디에 입사한 후 2년 동안 팀 교육을 진행했다. 전 직장에서 좋은 선례를 배웠다. 동료들과 스터디와 세미나를 하면서 서로의 경험을 나눈 적이 많았는데, 비야디에서도 그와 같은 프로

그램을 운영하기로 했다. 엔지니어들을 일일이 만나서 그들이 문제를 해결한 과정을 체크했다. 그리고 그 과정을 공유하게 했다. 자료가 하나둘 쌓이면서 우리만의 데이터가 구축됐다. 내가 아는 것을 일방적으로 알려 주기보다, 직원의 경험을 통해 시작한 것이다. 현재는 폴더가 쌓이고 쌓여서 스크롤을 꽤 내려야 할 정도가 됐다. 이것이 우리의 재산이다. 계속해서 자신의 노하우를 공유하도록 유도하고, 서로 존중하는 법을 배우고 있다.

중국도 한국처럼 유교 문화가 남아 있는 국가인데, 조직 문화가 수직적이지는 않나?

이현주: 한국 기업에 비하면 위계질서가 약한 것처럼 보인다. 업무상 커뮤니케이션을 할 때 자유롭게 의견을 나눈다. 높은 직급에 있는 사람과 사원이 맞장 토론을 하는 경우도 볼 수 있다. 높은 직급에 있는 사람이 부하 직원의 의견을 잘 듣는 편이다. 하지만 일 처리에 있어서는 조금 다른 면이 있다. 수평적이기는 하지만 위계질서는 분명히 있다. 텐센트와 같은 중국 IT 기업은 커리어 트랙이 뚜렷하게 이분화되어 있다. 다른 직원을 관리하는 관리자 트랙, 그리고 특정 분야의 전문가가 되는 전문가 트랙이다. 직원이 선택할 수 있다.

중국에서 일하면서 가장 어려운 점은 무엇인가?

최문용: 지금 시간이 오후 5시 30분인데, 아마 밖에 나가면 모두 퇴근했을 거다. 고객이 내일까지 결과물을 달라고 해도 직원들이 조급해하지 않는다. 이것이 중국 문화다. 하지만 어떻게든 일을 한다. 다만 느릴 뿐이다. 한국에서처럼 퇴근 시간 후라도 일을 시켜 결과물을 내기보다, 이들의 행태를 인정하고 업무 시간에 효율적으로 일을 배분하는 것이 리더의 역할이다. 나도 이런 부분이 꽤 힘들었다. 직원들이 말을 자주 바꾸고, 책임지지 않으려는 성향이 강하기 때문이다. 그래서 직원들이 책임감을 가지게 하려고 노력한다.

에필로그 스타트업의 기본은 실패다

과거의 사업이 리스크를 짊어지고 시작하는 것이었다면, 현재 중국에서의 창업은 아이디어만 있으면 시작할 수 있는 일이다. 2010년에 36만 개였던 선전 기업은 2012년 41만 7000개, 2014년에는 86만 2000개로 늘었다. 선전에 자리 잡은 개발자와 메이커들은 선전을 스마트 설비와 스마트 하드웨어의 중심으로 만들고 있다. 리스크 없이 아이디어만 있으면 자신이 원하는 제품과 서비스 구현이 가능하다는 것은 창업 의지를 가진 중국 청년들에게 매력적인 제안이다. 더불어 샤오미의 레이쥔 회장, 텐센트 마화텅 회장 등 확실한 롤모델이 있기에 동기 부여도 크다.

선전에는 대기업에서 경험을 쌓은 후 창업을 하는 사례도 적지 않다. 출장 중에 대기업 직원들과 회의를 진행할 때가 있는데, ZTE 개발 부서에서 만났던 이가 6개월 후에는 한 액셀러레이터 공간에 입주한 회사 대표가 되어 있는 경우도 있었다. 유니콘 기업은 선전에만 열두 곳에 달한다. 세 곳에 불과한 한국과 비교하면 큰 차이다. 국제 특허 출원도 1만 9647건으로 중국에서 가장 많은 도시다. 중국의 대도시 중심 성장이 정체되고 있는 상황에서도 선전이 9퍼센트대의 경제 성장률을 유지할 수 있는 배경이다. 2017년 말 기준 선전의 GDP는 2조 2438억 위안(약 380조 원)이며, 수출 규모로는 24년 연속으로 중국 1위 자리를 차지하고 있다. 말 그대로 중국에서 가장 잘사는 도시다.

인터넷 모바일 IT 신기술을 기반으로 한 중국의 이런 변화는 우리에게 많은 시사점을 던진다. 우리나라는 IT 강국일지는 모르지만 모바일에선 후진적인 모습을 보이고 있다. 핀테크, 공유 경제 등 모바일 서비스를 실생활과 비즈니스, 경제 활동에 적용하는 면에서는 중국에 비해 많이 뒤쳐져 있다. 혁신적이거나 새로운 형태의 서비스를 운영하려고 할 때 현재의 포지티브 규제 방식으로는 한계가 있다. 이런 시스템으로는 무엇보다 속도전이 필요한 스타트업 생태 환경에 효율적으로 대응할 수 없다. 하루가 다르게 발전하는 IT 신산업 분야에서는 법이 명시한 한도에서 금지하는 네거티브 방식으로 규제를 변경하는 것이 시급하다.

정책 지원과 더불어 중요한 것은 실패라는 리스크에 관대한 환경을 만드는 것이다. 스타트업의 기본 전제는 실패다. 실패를 발판 삼아 새롭게 도전하는 것을 당연하게 생각해야 한다. 스타트업을 지원하는 민관 협력 네트워크인 스타트업 얼라이언스와 플래텀이 공동 주관한 콘퍼런스 '한국의 중국인'에서 텐센트 양진호 디렉터는 "텐센트에는 프로젝트 실패를 용납하는 분위기가 형성되어 있다"고 했다. 빠른 성장을 강조하는 기업 대부분이 실패를 용납하지 않는 문화인데 반해, 텐센트는 실패해도 용인해 주는 분위기라는 것이다. 그의 말에 따르면 텐센트 사내에서 대형 프로젝트를 진행했던 팀 가운데 성공만 했던 팀은 하나도 없으며 오히려 실패를 경험한 사람들이 모여 성공 공식을 쓰는 경우가 많다고 한다. 중국 시장이 거대한 만큼 경쟁도 치열할 수밖에 없는 환경이라, 실패는 당연한 과정으로 생각하는 문화가 자리 잡고 있다는 것이다.

앞으로도 많은 기회가 있다는, 실패를 두려워하지 않는 분위기가 지금의 중국을 만들고 있다. 중국에서는 여러 번의 창업 경험이 있다면 재투자를 받을 때 오히려 플러스 요인이 되기도 한다. 이에 반해 한국에서는 스타트업의 실패는 대표한 사람의 실패가 아니라 회사, 더 나아가 한 가정의 실패가 된다는 인식이 여전하다. 스타트업의 기본값은 실패다. 한국에서는 재도전의 기회가 쉽게 오지 않고, 재도전에 성공한 경우에도 충분한 보상이 따라오지 않는다. 실패한 사업가에게도 새로운 가능성을 걸어 볼 수 있는, 창업에 대한 새로운 인식과 접근이 필요한 시점이다.

주

1 _ 맹하경, 〈[CES 2018] 中, 부스 3분의 1점령 'ICT 굴기'…日, 로봇-AI로 부활 몸짓〉,
《한국일보》, 2018. 1. 12.

2 _ 중국 정부가 주도하는 신(新)실크로드 전략으로, 내륙과 해상을 잇는 경제 벨트를 만
들겠다는 계획이다. 2014년부터 35년 동안 중국과 주변 국가의 경제, 무역 합작을 확대
해 나가는 대규모 프로젝트로, 고대 동서양을 연결했던 교통로인 실크로드의 현대판 구
상이다. 2013년 시진핑(習近平) 주석의 제안으로 시작됐고, 2017년 기준으로 100여 개
국가와 국제기구가 참여하고 있으며 내륙 3개, 해상 2개 등 5개 노선으로 추진되고 있다.

3 _ 모든 전자 제품에 인터넷을 더한다는 의미로, 리커창(李克强) 총리가 2015년 3월 발
표한 중국 정부의 액션 플랜에서 처음으로 언급됐다. 제조업에 IT 기술을 융합해 제조업
혁신을 이루겠다는 계획이다. 이를 통해 유통, 금융 등에서 혁신을 이루고 중국의 IT 기
업이 글로벌 시장에서 입지를 다질 수 있도록 만들겠다는 것이다.

4 _ 정새롬, 〈[인터뷰] 선전 에듀테크의 중심, '메이크블록'을 만나다〉, 《플래텀》, 2018. 3. 21.

5 _ 정새롬, 같은 글.

6 _ 정준규, 〈中 광둥·홍콩·마카오 대만구, 새로운 성장 동력으로 부상 중〉, KOTRA 해
외시장뉴스.

7 _ 강주아오(港珠澳) 대교는 홍콩, 주하이, 마카오를 Y자 형태로 연결하는 55킬로미터
길이의 다리다. 바다 위 교량은 약 36킬로미터, 해저터널 구간은 약 7킬로미터에 달한다.

8 _ 김정향, 〈中 첸하이·서커우 자유무역구 출범 2년, 그 성과는?〉, KOTRA 해외시장뉴스.

9 _ 왕펑(王豐), 〈선전 첸하이 서커우 자유무역지구에 홍콩기업 8031개 등록〉, 《신화
망新華網》, 2018. 4. 22.

10 _ 김정향, 같은 글.

11 _ 선전시 과기창신위원회(深圳市科技创新委员会) 통계 보고, 2018.

12 _ 액셀러레이터가 선별한 스타트업이 자신의 서비스나 제품, 사업 모델을 투자자 앞에서 소개하고 평가받는 자리다.

13 _ 김우정, 〈中, 소비자 유혹하는 다양한 자판기 전성시대〉, KOTRA 해외시장뉴스.

14 _ 박은경, 〈중국 첫 경제특구, 선전은 '창의성의 수도'〉, 《주간경향》, 2017. 12. 19.

15 _ 〈중국 선전시 교통운수위원회, 자율주행 대중교통 운행 발표〉, 한국지식재산연구원 지식재산동향뉴스, 2017. 12. 14.

16 _ 송창의, 〈선전시 GDP, 처음으로 홍콩을 넘어섰다?〉, 《차이나랩》, 2018. 3. 6.

17 _ 통상 처음 받는 투자를 이르는 말로 A라운드 투자라고도 한다. 프로토타입, 혹은 베타 버전을 개발하고 본격적으로 시장을 공략하기 전에 받는 자금이다. 어느 정도의 초기 시장 검증을 마치고 베타 오픈 시점에서 정식 오픈 단계 전에 받는 것으로, 해당 기업의 서비스나 제품에 가능성이 있다는 의미다. 이후 2차, 3차 투자가 이어지면 시리즈B, 시리즈C로 부른다.

18 _ 법률이나 정책으로 금지한 행위가 아니면 모두 허용하는 방식을 말한다. 반면 포지티브 규제는 법률이나 정책에서 허용되는 것들을 나열하고, 이외의 것들은 모두 금지하는 규제 방식을 뜻한다. 국내에서는 포지티브 규제 방식이 대부분의 법안에 적용되고 있다. 예를 들어 자동차 관리법에는 자동차를 승용차, 승합차, 화물차, 특수차, 이륜차로 분류하여 이에 해당하지 않는 경우 자동차가 아닌 것으로 본다.
〈포지티브 규제〉, 《시사상식사전 – 네이버 지식백과》

참고 문헌

오종혁·김홍원,《중국 주요 지역의 ICT 창업 환경 분석 중국 권역별·성별 기초자료 15-02》, 대외경제정책연구원, 2015.

EBS,〈빅뱅차이나〉, 2017.

深圳市福田區委區政府編著,《解碼深圳·華强北》, 廣東科技出版社, 2014.

國家發展和改革委員會,《2015年 中國大衆創業萬衆創新發展報告》, 國家發展和改革委員會, 2016.

啓迪創新研究院,《中國城市創新創業環境評價研究報告》, 啓迪創新研究院, 2017.

艾媒咨询,《2017-2018 中國粤港澳大灣區專題研究報告》, 艾媒咨询, 2017.

Tencent,《2016互聯網創新創業白皮書》, Tencent, 2016.

深圳市人大常委會,《深圳經濟特區改革創新促進條例》, 深圳市人大常委會, 2006.

〈[早期創客創業現狀調查05期] 吳燁彬: 創業不在于你認識多少牛人 , 而在于你有多〉,《智慧産品圈》, 2015. 9. 11.

택시는 석유 대신 전기로 움직이고, 자율 주행 버스가 도심을 달린다. 자가용이 있어도 타는 일은 많지 않다. 차량 호출과 자전거 공유 서비스를 이용하면 된다. 현금도 필요 없다. 노점에서조차 모바일 결제가 통한다. 로봇이 음료를 만들고, 점원이 없는 무인 편의점이 늘고 있다. 미래 사회의 일상을 엿볼 수 있는 이 도시는, 미국의 실리콘밸리도 유럽의 어느 지역도 아닌 중국 선전이다.

40년 전 중국 변방의 어촌 마을이었던 선전은 세계의 제조 기지로 성장했고, 평범한 공업 도시에 머물지 않고 하드웨어 스타트업에 특화된 도시로 체질을 바꿨다. 선전의 제조 공장들은 스타트업을 위해 소량의 제품을 빠르게 제작해 준다. '하드웨어의 실리콘밸리'라는 평가처럼, 제조업 기반의 새로운 서비스를 만들기에 더할 나위 없이 좋은 지역인 것이다. 선전으로 몰려드는 중국 전역과 세계의 메이커들은 도시의 내일을 더 빠른 속도로 앞당기고 있다.

선전은 중국 정부의 탄탄한 설계 아래 탄생한 계획도시다. 실제로 원주민보다 이주민이 더 많다. 중국 정부는 선전에서 창업을 하려는 젊은이들을 위해 규제 개혁과 정책 자금 지원을 아끼지 않는다. 누군가는 '정부가 만들어 낸 도시에서 배울 것이 뭐가 있냐'고 물을지도 모른다. 사회주의 국가인 중국의 지원 정책을 바람직한 성장 모델로 보아야 하는지에 대해서도 다양한 의견이 있다. 중국에는 중국만의 답이 있고, 한국에는 한국만의 답이 있을 것이다. 선전의 방식이 무조건 좋은 것은 아니다.

하지만 선전이 세계에서 가장 먼저 새로운 기술을 경험할 수 있는 도시가 되었다는 것은 분명한 사실이다. 우리가 상상만 하는 새로운 서비스들이 선전 시민에게는 일상이 된 지오래다. 첨단 기술을 직접 경험하면서 업그레이드해 나가고 있는 선전은 앞으로 더욱 빠르게 성장할 것이다.

선전이라는 도시의 정체성은 하드웨어에 있는 것도 아니고, 계획도시라는 개발 방식에 있는 것도 아니다. 선전의 정체성은, 변하고 있다는 사실 그 자체에 있다. 선전을 미국의 실리콘밸리에 비견되는 혁신 도시로 만든 것은 새로운 기술, 풍부한 자본과 인력 등의 물리적 조건만이 아니다. 선전의 혁신 뒤에는 변해야 한다는 의식, 새로운 기술과 서비스를 만들어 내고 적응해야 한다는 태도가 있다. 도전을 꿈꾸는 이들을 위해 문을 열고, 시스템과 제도를 바꾸고, 실패해도 괜찮으니 일단 한번 해보라고 독려하는 문화가 있다. 선전은 지금 첨단 기술을 개발하는 것 못지않게 변화를 수용할 수 있는 토양을 만드는 것이 더 중요하다고 말하고 있다.

곽민해 에디터